AKASHA-CHRONIK

Dein Schlüssel zum universellen Buch des Lebens

LINDA HOWE
MIT JULIETTE LOOYE

AKASHA CHRONIK

Dein Schlüssel zum universellen Buch des Lebens

Entfalte die Kraft deiner Seele und erfahre Liebe, Erfüllung und Heilung

Aus dem Amerikanischen übersetzt
von Juliane Molitor

Ansata

Die Originalausgabe erschien 2009 unter dem Titel
How to Read the Akashic Records: Accessing the Archive of the Soul and its Journey
bei Sounds True, Inc., Louisville, USA.

MIX
Papier | Fördert gute Waldnutzung
FSC® C014496

Penguin Random House Verlagsgruppe FSC® N001967

Dritte Auflage 2024

This translation published by arrangement with Sounds True and by the agency of Agence Schweiger.

Neumarkter Straße 28, 81673 München
produktsicherheit@penguinrandomhouse.de

Covergestaltung: Guter Punkt, München
Covefoto: © ChrisGorgio / iStock / Getty Images Plus
Satz: Satzwerk Huber, Germering
Druck und Bindung: GGP Media GmbH, Pößneck
Printed in Germany
ISBN 978-3-7787-7588-2

www.Integral-Lotos-Ansata.de
www.facebook.com/Integral.Lotos.Ansata

Dieses Buch ist Jack und Dottie Howe gewidmet,
meinen perfekten Eltern.
Ich liebe euch.

Inhalt

Vorwort: Wie ich zur Akasha-Chronik gekommen bin 11
Dank. 31
Zum Umgang mit diesem Buch 33
Eine Eröffnungsmeditation 35

Teil 1
Wie man die Akasha-Chronik liest

1. Die Akasha-Chronik. Eine Einführung. 41
   Was ist die Akasha-Chronik? 41
   Wer nutzt die Akasha-Chronik und warum? 47
   Wie greifen Menschen auf die Akasha-Chronik zu? 49
   Wie greifen wir in diesem Buch auf die Akasha-Chronik zu? 53

2. Richtlinien und Grundregeln für das Lesen der Akasha-Chronik 55
   Wie soll ich mich auf das Lesen der Akasha-Chronik vorbereiten? 55
   Welche Art von Fragen stelle ich der Akasha-Chronik am besten?. 62
   Womit sollte ich rechnen, wenn ich meine Akasha-Chronik zum ersten Mal öffne? 66
   Welche Art von Informationen erhalte ich, und wie erhalte ich sie?. 67

3. Der Pathway-Gebetsprozess 71
Den Pathway-Gebetsprozess verstehen. Eine Lesung für dich selbst 73
Die erste Lesung in deiner Akasha-Chronik. 84
Der Unterschied zwischen Akasha-Chronik und Intuition. . . 85
Übung: Akasha-Chronik gegenüber Intuition 85
Häufige Fragen und Bedenken zur Akasha-Chronik 92
Hilfe von deinen Meistern, Lehrern und Angehörigen bekommen 94
Verschiedene Einsatzmöglichkeiten für die Akasha-Chronik . 97

4. Die Akasha-Chronik für andere lesen 103
Den Pathway-Gebetsprozess verstehen. Lesungen für andere 105
Lesungen für andere. Ein paar Tipps 109
Eine »Bewusstseinshöhe« entwickeln 114
Vom eingeweihten Novizen zum angehenden Fachmann. . . . 117

Teil 2
Heile dich selbst und andere mit der Akasha-Chronik

5. Energieheilung in der Akasha-Chronik 121
Wie findet Energieheilung in der Akasha-Chronik statt? 123
Was ist meine Rolle und welche Verantwortung trage ich als Lesungs-Praktiker der Akasha-Chronik? 125
Die drei Ebenen der Heilung in der Akasha-Chronik 133
Wie erkenne ich die drei Ebenen der Heilung? 139
Übung: Die drei Ebenen der Heilung (bei der Arbeit in deiner eigenen Akasha-Chronik) 139
Übung: Die drei Ebenen der Heilung (bei der Arbeit in der Akasha-Chronik von jemand anderem) 143

6. Ahnenmuster in der Akasha-Chronik heilen 149
Wer sind meine Ahnen? 150
Wie schließen sich Seelen einer Ahnenlinie an? 151
Welche Verantwortung habe ich meinen Ahnen gegenüber? . 153
Wie kann ich meine Ahnen und ihren Einfluss auf mein Leben erforschen? 155
Übung: Die göttliche Absicht deiner Ahnenlinie identifizieren 155
Übung: Den Raum zwischen den einzelnen Leben erforschen 157
Übung: Unerwünschte Einflüsse der Ahnen auf die Gegenwart identifizieren und sich davon befreien 158
Übung: Eine schwierige Bindung heilen 159

7. Frühere Leben in der Akasha-Chronik heilen 161
Was sind frühere Leben? 162
Wie findet die Heilung früherer Leben in der Akasha-Chronik statt? 165
Übung: In der Akasha-Chronik an der Heilung früherer Leben arbeiten 166
Positive frühere Leben in der Akasha-Chronik erkunden 171
Übung: Positive Erfahrungen aus früheren Leben erkunden .. 172

8. Leben mit der Akasha-Chronik 175
Die »Absolutheiten« 175
Die drei *Nichts* 180
Abschließende Gedanken zur Akasha-Chronik: Die Vergangenheit, die Gegenwart … und die Zukunft 183

Weitere Ressourcen 191
Anhang: Der Pathway-Gebetsprozess für den Zugang zum Herzen der Akasha-Chronik (gekürzte Version) 193
Anleitung für das Lesen in der Gruppe 197
Über die Autorin 205

Vorwort: Wie ich zur Akasha-Chronik gekommen bin

Ich habe keine Nahtoderfahrung gemacht. Es ist eher so, dass ich dem Tod jahrelang spirituell sehr nah gewesen bin. Mein Leben war kompliziert – und ich hatte keine Ahnung, warum. Ich hatte alles richtig gemacht: Ich war ein braves Mädchen gewesen, war aufs College gegangen, hatte fleißig gelernt und gute Noten bekommen. Ich hatte einen guten Job, eine schöne Wohnung. Ich hatte das, was wie ein schönes Leben aussah. Ich hatte alles, was ich zu wollen glaubte … und ich war unglücklich. Durch reine Anstrengung hatte ich jedes von mir gesetzte Ziel erreicht, aber alle meine Errungenschaften konnten den Schrei nicht beruhigen, der aus einer tiefen Schlucht in meiner Seele widerhallte.

Wie sehr ich es auch versuchte, ich war nie »gut genug«. Meine Bemühungen haben einfach nicht gereicht. Manchmal gab ich einfach auf und ließ mich so »böse« sein, wie ich es ertragen konnte – alles, um mir ein Gefühl von »Es ist okay«, Sicherheit oder Entspannung zu verschaffen. Es funktionierte nicht.

Schließlich betete ich verzweifelt: »Gott, wenn du da bist, musst du mir helfen. Ich halte es nicht mehr aus. Hilf mir. Bitte.«

Sechs Wochen nach diesem eindringlichen Gebet geschah etwas Bemerkenswertes. Ich lag auf meinem Bett, tat mir selbst leid und schaute auf einen Baum, der bis zu meinem Fenster im dritten Stock reichte. Wieder rief ich nach Gott um Hilfe: »Sag mir, wie kann mein Leben so gut aussehen, sich aber so schlecht anfühlen?«

Dann hörte alles auf. Der ganze Lärm in mir verstummte, und ein Gefühl ruhiger Erleichterung breitete sich aus. Als ich mir den Baum anschaute, wusste ich, dass wir verbunden waren. Ich konnte es fühlen. Ich war dreiundzwanzig Jahre alt, in der Stadt aufgewachsen und niemand, der viel Zeit in der Natur verbringt, und ich war überwältigt von dieser Erfahrung. Eine Weile fühlte ich mich deutlich eins mit dem Baum und allem anderen, was ich sehen und nicht sehen konnte. Die Vorstellung war gewaltig und gleichzeitig beruhigend. Ich wusste, dass mein Leben kein Zufall war und dass es einen Gott gab. Und was am wichtigsten war: Ich wusste, dass dieser Gott mich mochte. Gottes *Liebe* war nie ein Thema gewesen. Ich hatte schon immer gewusst, dass Gott mich liebt. Aber ich war mir nie sicher gewesen, ob er mich auch *mochte*. In diesem wundersamen Moment wurden meine Ängste beruhigt und meine Fragen beantwortet. Das Gefühl, vollständig verstanden und absolut geliebt (und gemocht!) zu werden, war eindeutig. Die Erfahrung war so kraftvoll und so tiefgreifend und die Realität so überwältigend, dass ich bis heute – fast dreißig Jahre später – immer noch hineinwachse.

♦

Weil ich im Mittleren Westen der USA katholisch erzogen wurde, war meine ursprüngliche Vorstellung von Gott die vom »bärtigen alten Mann im Himmel«. Das Gefühl, mit dem Baum verbunden zu sein, hat diese Vorstellung zunichtegemacht. Der Gott, dem ich in diesem Moment begegnete, ging weit über mein altes Konzept hinaus. Gott war nun eher ein Kraftfeld als eine Person. Dieses Kraftfeld schien eine Vielzahl ausgeprägter Eigenschaften zu enthalten, die in diesem Moment zusammenkamen: eine positive, energetisierende Kraft, gemischt mit besonderer Feinfühligkeit und liebevollem Mitgefühl und Freundlichkeit. Da war ein paradoxes Gefühl der Ordnung ohne Einengung: ein geordnetes Aufeinandertreffen von überschwänglicher Freude, tiefer Stille, präziser Wahrnehmung und Ehrfurcht vor dem Moment – sowie einem offenen, weitreichenden Einbeziehen von allem, was ist, war und jemals sein wird … und das alles gleichzeitig.

Also, *dies* war ein Gott, den zu kennen sich lohnte! Eine Zeit lang schien es, als müsse es ein besseres, moderneres Wort geben, um diese Macht und ihre Präsenz zu beschreiben. Doch letztendlich habe ich entschieden, dass *Gott* der beste Begriff für mich ist, weil er die unerkennbare, mysteriöse Natur dieses Kraftfelds berücksichtigt.

Seit der Episode mit dem Baum bin ich mit vielen Momenten der gesteigerten Wahrnehmung gesegnet worden. Aber diese erste bewusste Erfahrung der Gegenwart Gottes war die, die mich am meisten gefesselt und transformiert hat. Im Handumdrehen änderte sich alles – *ich* war anders –, und doch schien alles gleich zu sein. Ich wusste: Was auch immer diese Erfahrung gewesen war, ich wollte mehr davon. Ich wollte mein ganzes Leben von diesem Ort aus leben, an dem ich so verstanden, so gesehen, so geliebt und so gemocht bin. Meine Suche begann.

Mainstream-Religion

Ich machte mich mit Leidenschaft und Enthusiasmus auf meinen spirituellen Weg. Ich versuchte, meine initiale Erfahrung einzufangen und zu konservieren, sie zu verlängern, zu duplizieren. Mein Wunsch, dieses Gefühl von Licht, Kraft und Präsenz noch einmal zu erleben, führte mich an eine Reihe von Orten. Zunächst besuchte ich Kirchen und Tempel, und zwar eine ganze Reihe davon: von den katholischen Charismatikern, wo das Sprachengebet die Norm ist, bis hin zu buddhistischen Tempeln, wo Menschen Meditation und Loslösung praktizieren, sah ich alles. In kurzer Zeit erkannte ich, dass alle Religionen grundsätzlich gut waren und sind, und ich beteilige mich noch heute an religiösen Aktivitäten, wenn sie mich entsprechend bewegen. Aber mein Offenbarungserlebnis war dort nicht zu finden, und es wurde auch nicht danach gesucht. Stattdessen machte ich Bekanntschaft mit vielen Regeln und viel Druck, diese zu befolgen. Männer hatten das Sagen, Frauen servierten Getränke. Das war nichts für mich – diese Politik störte mich.

Ich hatte damals Probleme, meine sexuelle Identität zu akzeptieren, und Angst, die religiösen Autoritäten könnten dahinterkommen und mich ausstoßen. Damals war klar: Die traditionelle Religion war nicht der Pfad, die Gegenwart Gottes so tief zu erfahren, wie ich sie kennengelernt hatte.

Nach meinem spirituellen Erwachen fühlte ich mich so erfüllt von Gottes Gnade, dass ich die Gewohnheiten, Gedanken und Verhaltensweisen, die meiner spirituellen Entwicklung im Wege standen, leicht loslassen konnte. Gleichzeitig bekam ich die nötige Energie, um neue Lebensmuster zu entwickeln. Lächerlich oft war ich damals auf Partys gegangen, was ich relativ einfach bleiben ließ. Ich hatte schon früher versucht, Ordnung in mein Leben zu bringen, es aber einfach nicht geschafft. Aber so wie ich berührt worden war, brachte mich jedoch dazu, mich mühelos in eine andere Richtung zu bewegen. Wer diese Art von Heilung erlebt hat, weiß, wie mysteriös und wunderbar sie ist. Keine menschliche Anstrengung ist damit vergleichbar.

Etwa sechs Monate lang nachdem das Licht in mir angegangen war, stand mein Bewusstsein weit offen. Ich hatte das Gefühl, in eine neue Dimension des Lebens eingetreten zu sein, und genau so war es. Wo ich auch hinging, landete ich einen »Treffer« in der Form des Gefühls zu wissen, dass alles, was ich sah, Gott war und ein Ausdruck Gottes, mit dem ich eins war. Wenn ich im Supermarkt in der Schlange stand, ließ mich die Erkenntnis, dass alle Anwesenden eins waren, geradezu erschaudern. Wenn ich den wunderschönen Lake Shore Drive in Chicago entlangfuhr, akzeptierte ich einfach, dass alles, was mir begegnete, Gott war und ich ein Teil davon. Wenn ich an den heruntergekommenen Sozialbauten vorbeikam, entstand ein Gedränge in meiner Welt, weil dieser Treffer in meinem Bewusstsein mir sagte, dass auch dies das Gesicht Gottes war und etwas mit mir zu tun hatte. Ich fühlte mich ein bisschen durchgeknallt, aber es war so viel besser, als festgefahren zu sein und sich elend zu fühlen, dass ich es einfach laufen ließ.

Meine Mutter war in dieser Zeit ein echtes Geschenk. Sie hat ein starkes mystisches Bewusstsein und keine Angst vor der spirituellen Realität. Als fortschrittliche Katholikin, ihrer Zeit immer weit voraus, unterstützte sie mich mit ihrem Verständnis vom Gottesdienst, dem Geheimnis der Dreieinigkeit und der Heiligen Schrift und teilte ihr Wissen mit mir. Ihre Unterstützung für mich kam nie ins Wanken, und dafür bin ich ihr ewig dankbar. Dennoch war auch ihre radikale Herangehensweise an einen traditionellen Weg nicht meine.

Neue Wege erkunden

Nachdem ich mich mit Religion auseinandergesetzt hatte, probierte ich Selbsthilfeseminare aus. Ich habe unzählige davon besucht und alle geliebt! Jedes davon gab mir etwas, das ich brauchte: mal Verständnis, mal Menschen, mal Struktur und Organisation. Wohin ich auch ging, ich wurde mit etwas gesegnet, das mein Wachstum unterstützte. Einige der Workshops waren positiv, bestätigend und wohltuend. Einige waren hart, verstörend und schrecklich unangenehm. Sie alle leisteten trotzdem einen Beitrag zu meinem erweiterten Bewusstsein. Was mir auf diesem Weg jedoch fehlte, war die Anerkennung der spirituellen Dimension des Lebens.

Also setzte ich meine Suche fort, getragen von unzähligen Freundschaften und Gleichgesinnten. Ich machte Therapien und Körperübungen jeder Art und bekam alle möglichen Lesungen. Meine Generation machte aus spirituellen Wahrsagern Berühmtheiten, und ich fand ich mich selbstverständlich am Tisch vieler von ihnen wieder. Und wie auf den meisten meiner Wege machte ich auch auf diesem in der Regel wunderbare Erfahrungen.

Ich war achtundzwanzig, als ich mit einer Freundin einen Mittelaltermarkt besuchte, wo mir eine Frau die Tarotkarten legte. Diese Lesung erwies sich für mich als bedeutsames Ereignis – nicht wegen der Details, die die Kartenlegerin mir erzählte, sondern wegen der Emotionen, die ich am Ende der Sitzung hatte. Als ich die Wahrheit ihrer Worte auf mich wirken ließ, hatte ich ein erstaunliches

Gefühl der persönlichen Befreiung. Wenn ich anderen nur dasselbe Gefühl geben könnte!

Ich verließ den Markt mit der Vorstellung, meinen Lebensunterhalt damit zu verdienen, Tarotkarten zu lesen. Damals kam mir das lächerlich vor. Kartenleger und andere spirituelle Wahrsager schienen alle so seltsam, so fernab vom Mainstream-Leben, Außenseiter geradezu. Der Gedanke, dass auch ich zu dieser Subkultur gehören würde, wenn ich »Lesungen« machte, war beängstigend. Ich hatte mich noch nicht mit der Vorstellung angefreundet, eine ganz normale Person zu sein, die zufällig Tarot-Lesungen macht. Nein, damals war es eine Entweder-oder-Frage. Ich konnte entweder in der realen Welt unterwegs sein oder an deren Rand leben.

Etwa ein Jahr später schlug mir eine andere Freundin vor, eine Sitzung mit einer Frau in Texas zu machen, die mit der Akasha-Chronik arbeitete … was auch immer das sein mochte. Diese Frau war sehr gefragt, also verabredete ich mich zu einem Telefontermin mit ihr. Ich hatte gehört, sie könne mir etwas über die Aufgabe meiner Seele sagen, und ich wollte unbedingt wissen, was es damit auf sich hatte. Meine finanzielle Situation und mein Berufsleben waren damals so turbulent, dass ich mich einfach nirgendwo niederlassen konnte. Jede meiner Stellen, hatte etwas für sich, aber alles in allem waren sie unbefriedigend. Ich war wirklich ratlos.

Ich rief zur vereinbarten Zeit an, und die Frau begann mit der Lesung. Ihre Art war herzlich, aber wegen ihres starken Akzents und der neuen Ideen, die sie mir präsentierte, war ich mir nicht ganz sicher, was sie mir sagen wollte. Was ich allerdings wusste, war, dass ich wieder dieses Gefühl hatte, dieses deutliche Gefühl, verstanden und geliebt zu werden. Der Rest der Lesung war nicht wirklich wichtig, und mir kam der Gedanke, dass ich gern ihre Gabe hätte.

Das Leben ging weiter. Als ich dreißig war, hatte ich viele meiner schwierigen persönlichen Probleme gelöst. Durch die unendliche Liebe und Kraft Gottes hatte ich eine schrecklichen Essstörung überwunden und eine wunderbare Lebenspartnerin gefunden, mit der ich meinen Weg seitdem gehe. Als Lisa und ich uns zum ersten

Mal begegneten, zeigte sie mir, wie man Tarotkarten liest. Wir haben zahllose Stunden damit verbracht, die Karten zu legen. Ihr Freund Steven hatte ihr Tarot beigebracht, und sie gab dieses Wissen einfach weiter. Wir hatten einen Riesenspaß, und in den nächsten paar Jahren legte ich die Karten, so oft es nur ging. Als ich für ein Aufbaustudium an der Universität von Illinois war, verbrachte ich viel Zeit damit, meine Fähigkeiten weiterzuentwickeln, indem ich durchgeknallten Masterstudenten die Karten legte.

Ich kehrte nach Chicago zurück und hatte tagsüber einen regulären Job bei einer Rechtsschutzversicherung, legte aber bei jeder Gelegenheit Karten für andere. Ich hasste meinen Job. Ich versuchte, ihn zu mögen. Ich versuchte, es irgendwie hinzukriegen. Ich versuchte und versuchte und versuchte es … ohne Erfolg. Ich musste kündigen. Ich sagte zu mir: Wenn ich jetzt kündige, schließe ich den Russisch-Sprachkurs ab, den ich für meinen Abschluss in Russischer Geschichte brauche. Weil ich zu viel Angst hatte, mir einzugestehen, dass ich die Versicherung verlassen wollte, um Tarotkarten zu lesen, legte ich mir diese sozialverträgliche Rechtfertigung zurecht einen ziemlich guten Job aufzugeben, und reichte die Kündigung ein. Aber der Versuch, zum x-ten Mal Russisch zu lernen, war ausgesprochen schmerzhaft, ähnlich unerträglich wie mein Job bei der Rechtsschutzversicherung. Nach langer Seelenerforschung und einigem Jammern und Zähneknirschen stieg ich von meinem selbst gemachten Kreuz herab und hörte mit Russisch auf. Ich erlebte drei Sekunden seliger Erleichterung, bevor das Entsetzen wieder in den Vordergrund trat. Der Moment der Wahrheit war gekommen. Ich gestand mir ein, dass ich meinen Lebensunterhalt mit Kartenlegen verdienen wollte. Ich wollte eine professionelle Tarotkartenleserin werden.

Um meinen Traum verwirklichen zu können, putzte ich tagsüber Häuser und legte nachts Tarotkarten in Cafés. Es machte so viel Spaß! Nach einer Weile richtete ich einen Arbeitsraum in meinem Haus ein, und meine Praxis wurde immer größer. Dann kristallisierte sich ein seltsames Muster heraus. In der Rückschau weiß ich, dass ich verstanden hatte, dass die Leute, die zu mir kamen, im Allgemeinen klug und einsichtig waren. Sie wollten sich beraten lassen, und während wir uns ihre Karten anschauten, »sahen« wir alle möglichen Dinge, die ihnen halfen, Klarheit zu gewinnen und ihr Leben in den Griff zu bekommen. Wir gratulierten einander, wenn ich sie zur Tür brachte. Und dann, etwa sechs bis acht Monate später, kamen sie mit genau denselben Problemen wieder.

Ich muss mich korrigieren: *Manche* Leute kamen mit denselben Problemen wieder. Es gab tatsächlich zwei verschiedene Gruppen. Eine Gruppe brauchte nur den richtigen Anstoß, um ihre Probleme zu lösen oder ihre Einschränkungen hinter sich zu lassen. Ihr Problem war ein Mangel an Wissen, also löste Wissen ihre Probleme *immer*. In der anderen Gruppe war die Wurzel des Problems jedoch eine andere. Für sie bedeutete Wissen nicht unbedingt Macht, und ohne die nötige Macht kamen die Menschen dieser Gruppe oft nicht vorwärts. Also suchten sie mich erneut auf, und wir schauten uns ihre Karten noch einmal an und wiederholten den ganzen Prozess. Es war mühsam, weil diese Lesungen nie »anzuschlagen« schienen, und ich fühlte mich schrecklich.

Meine Gebete wurden immer verzweifelter: »Gott, es muss einen Weg geben, wie die Menschen Zugang zu der Kraft bekommen, die sie brauchen, um ihre Probleme zu lösen. Offensichtlich reicht Wissen nicht aus. Bis zu einem gewissen Punkt ist es großartig, aber es reicht nicht weit genug. Hilfe! … Und PS: … Dogmen oder Institutionen können nicht die Lösung sein, denn die mögen die Leute, die zu mir kommen, als Gruppe nicht.«

Zu diesem Zeitpunkt in meinem Leben hatte ich mich daran gewöhnt, dass Gott auf meine von Herzen kommenden Gebete reagiert, und ich wusste, dass ich die Antwort genau im richtigen Moment bekommen würde. Ich hatte keine Ahnung, wie diese Antwort ausfallen würde, aber ich war offen für jede echte Lösung.

Schamanische Reise

Nicht lange nachdem ich so gebetet hatte, lud mich ein Freund zu einem schamanischen Trommelkreis ein. Ich wollte erst nicht hingehen. Die Vorstellung mit ein paar Leuten in Krafttier-Shirts barfuß in einem Kreis zu sitzen, kam mir eher schrecklich vor und überhaupt nicht ermächtigend. Mein Freund schwärmte jedoch so davon, dass ich schließlich nachgab. Stell dir vor: Ich, die mit Tarotkartenlegen meinen Lebensunterhalt verdiente, fürchtete, ein schamanischer Trommelkreis könne zu seltsam sein. Ich musste über mich selbst lachen!

Eine Frau namens Pat Butti hielt das Treffen ab. Sie hatte die am längsten laufende, stabilste Gruppe in der Gegend. Daher fühlte ich mich ziemlich sicher. Sie war großartig, ganz anders, als ich erwartet hatte: grau melierte Haare, ein flauschiger Hund, hochfloriger Teppichboden. Ein herzliches Willkommen lag in der Luft. Pat erklärte kurz die Reise, die wir gleich antreten würden. Ich fand, dass es irgendwie kitschig klang, und ging davon aus, dass bei mir nichts passieren würde. Aber ich beschloss, höflich zu sein und mitzumachen, so gut ich konnte.

Bei den ersten Schlägen der Trommel war ich weg – auf dem Weg in eine andere Dimension, die für mich so real war wie die Kleidung an meinem Körper. Ich habe sie gespürt: die Kraft, Veränderungen zu bewirken – kein Dogma, keine Institution, reine Lebenskraft. »Okay, Gott«, dachte ich, als ich aus meiner Trance wieder auftauchte, »und jetzt?«

Wenige Wochen später nahm ich an Kursen in klassischem Core-Schamanismus an der Foundation for Shamanic Studies teil, wo ich das große Glück hatte, von Sandra Ingerman, der Autorin von *Auf der Suche nach der verlorenen Seele*, ausgebildet zu werden. Meine Tarot-Lesungen traten in den Hintergrund, und ich fing an, schamanische Heilungen anzubieten. Es war eine wunderbare Möglichkeit, Menschen in Not Kraft zu geben, damit sie ihre verlorene Lebenskraft zurückgewinnen konnten. In den nächsten fünf Jahren arbeitete ich als schamanisch Praktizierende mit Einzelpersonen und in Gruppen. Es war wunderbar.

Vielleicht ahnst du schon, was als Nächstes kommt. Ein Weg, den ich als erfüllend empfunden hatte, ging zu Ende, und ein anderer tat sich auf.

Als ich eines Tages einen schamanischen Reisekreis leitete und die vier Himmelsrichtungen anrief, wie es die Leiterin eben macht (im Wesentlichen führte ich die Anrufungen durch, damit alle Anwesenden das bekommen sollten, was sie brauchten), hörte ich mich *Gott* um Schutz und Unterstützung bitten. Ich rief nicht die Geister des Ostens, des Südens, des Westens und des Nordens an, wie es üblich war, sondern Gott. Nun, es stimmt zwar, dass die Himmelsrichtungen und die Tiere – und die ganze Natur – ein Ausdruck Gottes sind, aber irgendwie, ohne es zu wollen, hatte ich den schamanischen Rahmen verlassen.

Als ich später ein schamanisches Heilritual für jemanden abhielt, hörte ich mich zu Gott sagen, dies sei sein Kind, und wir brauchten ihn, um sich dieser Situation anzunehmen. Als ich schließlich in einem anderen Trommelkreis stand, warf ich einen Blick auf meine Hände und sah die körperlichen Anzeichen dessen, was mir irgendwie unangenehm geworden war: Ich war eines der weißesten weißen Mädchen der Stadt! Schamanismus sollte ich wohl besser anderen überlassen.

Akasha-Chronik

Es war an der Zeit, mein Verzweiflungsgebet erneut zu sprechen. Dieses Mal lautete es etwa so: »Gott, es muss eine einfache Möglichkeit geben, *sowohl* auf Wissen *als auch* auf Macht zuzugreifen. Kein Zeug zum Herumschleppen – vielleicht nur ein Gebet. Bitte hilf mir.« Und ich bezweifelte nicht, dass Hilfe schon unterwegs war.

Ein paar Wochen später war ich in einem Panel, bei dem ich über Schamanismus sprach. Eine andere Frau hielt einen Vortrag über die

Akasha-Chronik. Ich war mir nicht ganz sicher, wovon sie redete – es war sehr esoterisch –, aber es hatte etwas Anziehendes. Also beschloss ich, ihren zweitägigen Anfängerkurs zur Akasha-Chronik zu besuchen. Dort brachte sie uns bei, wie man diese Aufzeichnungen öffnet, indem man ein bestimmtes Gebet spricht. Ich folgte ihren Anweisungen – und bam! Ich spürte eine sehr deutliche Veränderung. Und da war wieder dieses Gefühl, das Gefühl, erkannt und geliebt zu werden. Es war nicht so überwältigend wie meine ursprüngliche Erfahrung, aber ich erkannte es – und spürte, dass ich endlich zu Hause war.

Besonders überzeugend an dieser neuen Erfahrung war, dass sie nichts Sensationelles an sich hatte. Es gab keine spektakulären Phänomene: kein Reden in seltsamen Stimmen, kein Nach-innen-Verdrehen der Augen – nichts dergleichen. Es gab nur eine einfache, subtile, aber wahrnehmbare Verschiebung in mir, die mich auf die Dimension des Bewusstseins zugreifen ließ, nach der ich gesucht hatte. Über die Jahre hat sich dieses Gefühl der Liebe für mich als zuverlässig erwiesen. Wann immer ich in diesen wunderbaren Zustand eintreten möchte, muss ich nur das Gebet sprechen.

Ich begann mit Akasha-Lesungen für meine schamanischen Klienten und arbeitete in den folgenden zwei Jahre mit beiden Systemen. Ich las fast täglich für mich selbst und machte Akasha-Lesungen für alle, die es mir erlaubten. Es kam mir vor, als würde ich von dem Licht »mitgenommen« und in eine andere Richtung bewegt. Ob ich für mich selbst oder für jemand anderen las, immer bekam ich das Gefühl, nach dem ich gesucht hatte. Und mehr noch: Meine ganzen Studien konnte ich endlich miteinander kombinieren und zusammenbringen Alles, was ich erlebt und gelernt hatte, trug mich auf meinem neuen Gebiet. Und dies alles unterstützt mich auch weiterhin!

1995 zogen Lisa und ich mit unserem kleinen Sohn Michael auf die Olympic-Halbinsel und glaubten, dies sei für den Rest unseres Lebens unser Zuhause. Wir liebten unser neues Zuhause. In der malerischen viktorianischen Hafenstadt Port Townsend waren wir von einer spektakulären Schönheit umgeben. Dort am Ende der Welt in einer Stadt mit siebentausend Einwohnern wurde meine Praxis immer größer. Es war ein Ort, in den Menschen kamen, um zu heilen, meine Arbeit war deshalb sehr willkommen. Aber die Anpassung an die neue Umgebung und die Erziehung eines Kleinkindes waren anstrengend für mich. Ich fühlte mich zwar gesegnet, dass meine Arbeit geschätzt wurde, aber die Liste meine Klienten wurde schnell unüberschaubar. Jede Woche konsultierten mich so viele Leute, dass es in Stress ausartete. Obwohl ich meine Arbeit liebte, forderte die schiere Menge ihren Tribut, und nach einer Weile hatte ich das Gefühl, in tausend Stücke zu zerspringen. Es musste sich etwas ändern. Ich wandte mich wieder dem Gebet zu: »Gott, bitte hilf mir. Zeig mir, was ich tun soll.«

Und dann, die Offenbarung: Mir wurde plötzlich klar, dass viele der Leute, die mich wegen der Akasha-Chronik konsultierten, diese Arbeit auch für sich selbst machen konnten. Es gab keinen ersichtlichen Grund, weshalb sie nicht lernen sollten, wie man die Aufzeichnungen liest. Menschen die Chronik für sich und andere lesen zu lehren war die Lösung für mein Dilemma. Wenn meine Klienten auf ihre eigenen Aufzeichnungen zugreifen könnten, würden sie ihre eigene spirituelle Autorität entwickeln. Sie würden vom Vertrauen auf mich zu ihrer eigenen spirituellen Führung übergehen können, und das würde es ihnen ermöglichen, sich zu entwickeln und zu reifen. Sie könnten einfach nur dann zu mir kommen, wenn sie nicht weiterkamen oder Unterstützung von außen auf ihrer Reise brauchten. Mein Ziel war schon immer, anderen bei ihrer Suche zu helfen, ihnen zu helfen, ihren eigenen Weg zu finden, anstatt ihn für sie zu finden (was ich, ehrlich gesagt, ohnehin nicht kann). Ich habe nie versucht, eine unnötige Abhängigkeit von mir zu fördern, und ich war erleichtert, diese Lösung gefunden zu haben.

Ich glaube, dass es auf der spirituellen Suche Strecken gibt, die wir allein zurücklegen müssen, und die Herausforderung ist, das »Wie« zu lernen. Zu anderen Zeiten ist es am besten, sich Rat bei anderen zu holen. Auf unserem Weg lernen wir durch Versuch und Irrtum, wann wir es allein schaffen und wann wir uns Unterstützung holen müssen. Und wir lernen, dass wir letztendlich hier sind, um einander zu helfen.

Das war es also. Mein Gebet war erhört worden, und ich hatte meine Lösung. Indem ich meinen Klienten das Lesen ihrer eigenen Akasha-Chronik beibrachte, würde ich ihnen eine Möglichkeit geben, für sich selbst zu sorgen. Dann hätte ich mehr Freiraum, um mich auf die Arbeit mit anderen zu konzentrieren, die Hilfe von außen brauchten. Gleichzeitig würde ich mich darüber freuen können, meine Akasha-Schüler beim Finden ihrer eigenen spirituellen Autorität zu beobachten. Es war perfekt. Und … würde noch warten müssen.

Lehrbefugnis

Obwohl mich meine innere Führung ermutigte, eine Lehrtätigkeit aufzunehmen, hielten es die Mächte – die menschlichen ebenso wie die übermenschlichen – für das Beste, noch zu warten. Ich bin eigentlich kein geduldiger Mensch! Aber ich wartete, weil ich einen Lehrer brauchte, der mir half, auf die nächste Stufe zu gelangen und mich so solide in der Praxis zu verankern, dass ich sie erfolgreich weitergeben konnte. Ein weiteres ganzes Jahr lang beriet ich noch andere und brachte sie irgendwie mit dem Rest meines Lebens unter einen Hut. Außerdem lernte ich in diesem Jahr den Lehrer kennen, den ich brauchte.

Ich hatte eine Liste der Qualifikationen, die der richtige Lehrer erfüllen musste, und sie war sehr spezifisch und detailliert. Ich wollte Unterstützung, Anleitung und Führung von jemandem, den ich bewunderte, respektierte und mochte. Ich wollte auch jemanden, zu dem ich ehrlich sein und in dessen Nähe ich mich sicher genug fühlen konnte, um verwundbar zu sein, der aber auch meine Stärken erkannte. Im Idealfall hätte diese Person alles, was ich wollte, und wäre in der Lage, mich anzuleiten. Eines Tages tauchte

Mary Parker auf, und sie erwies sich als genau die Art Lehrerin für mich.

Kaum hatte ich Mary kennengelernt, tat sich der Weg nach vorn auf, und alles ergab sich wie von selbst. Mary hatte ein »heiliges Gebet« empfangen. Eine Möglichkeit, die Akasha-Chronik für sich zu nutzen, war der Einsatz von »heiligen Gebeten«. Diese Gebete wurden einzelnen Personen als persönliche »Zugangscodes« gegeben. Sie ermöglichten ihnen den erfolgreichen Zugang zur Chronik, Erfahrungen damit zu machen und sie wieder zu verlassen. Diese Tradition des heiligen Gebets basiert auf den Schwingungsmustern bestimmter Wörter und Sätze, die zusammen ein schwingendes Lichtgitter bilden, eine energetische Brücke zu einem bestimmten Bereich der Akasha-Chronik. Jedes Gebet sendet auf der Seelenebene ein Signal aus, das mit Personen, die mit der Schwingung des Gebets in Resonanz sind, in Kontakt tritt und sie ruft. Weil diese Personen energetisch mit den besonderen Tönen, Lichtern und Klängen dieses Gebets in Verbindung stehen, können sie es nutzen, um sich nach Bedarf mit der Chronik zu verbinden. Gegenwärtig gibt es viele Menschen in einer aktiven Beziehung zur Akasha-Chronik. Und sie nutzen eine Vielzahl heiliger Gebete mit wunderbaren Ergebnissen.

Als Mary und ich uns am Telefon kennenlernten, hatten wir sofort eine besondere Verbindung, und ich lud sie ein, nach Port Townsend zu kommen und einen Anfängerkurs zu geben. Zumindest ging ich davon aus, dass *sie* den Kurs übernehmen würde – aber nein. Das Wochenende kam, mehr als fünfunddreißig Menschen versammelten sich im Gemeindezentrum … und sie stellte mich vor die Gruppe.

Mit Mary Parkers Segen wurde ich zertifiziert, die Akasha-Chronik zu lehren und dafür ihr heiliges Gebet zu verwenden. Leute kamen, Kurse wurden gegeben, und über meine eigenen Aufzeichnungen in der Chronik wurde mir weiterführendes Wissen offenbart. Diese Phase meines Lebens hätte nicht aufregender, anspruchsvoller oder fabelhafter sein können. Hier hatte ich eine Möglichkeit, etwas an andere weiterzugeben, was ihnen ihre eigene spirituelle Autorität ermöglichte – eine einfache, undramatische, zuverlässige Methode, um diejenigen zu unterstützen, die zu diesem Licht als Weg der Bewusstseinsentwicklung berufen sind.

Es war für mich von besonderer Bedeutung, Menschen beizubringen, gleichzeitig spirituell unabhängig zu werden und auf das Göttliche zu vertrauen. Ich weiß, dass es Zeiten gibt, in denen wir den Rat anderer einholen müssen. Auf dem spirituellen Weg arbeiten wir mit der Dualität, selbst etwas für uns zu tun und uns von anderen helfen zu lassen. Zu wissen, *was wann* zu tun ist, zeugt von spiritueller Reife. Von Selbstzweifeln geplagt zu sein ist damit verglichen eine höchst unbequeme Art zu leben. Ich weiß, wovon ich spreche. Als ich auf der Suche nach einer authentischeren spirituellen Hingabe und verwirrt und verunsichert war, tat ich manchmal Dinge, um genau dies zu vermeiden. Ich hatte von außen betrachtet so viele Wahrsagerinnen und Medizinmänner aufgesucht, wie ich nur finden konnte. Ich suchte, strebte, *sehnte* mich nach jemandem, der mir sagen sollte, was mein Ziel war, was Gott von mir wollte, was das Universum von mir erwartete. Es war furchtbar. Im Grunde wollte ich, dass jemand anderes, göttlich inspiriert oder nicht, mir sagt, *wer* ich sein und *wie* ich dieses Leben führen soll. Die Vorstellung, all das selbst herauszufinden, machte mir riesige Angst. *Was, wenn ich in die falsche Richtung steuerte?* Es war in Wirklichkeit eine Frage der Verantwortung: Wenn ich den Rat anderer Leute befolgte und die Dinge nicht funktionierten … Nun, dann wäre es *ihre* Schuld, nicht meine.

Das Pathway-Gebet

Mit der Zeit wurde uns in Port Townsend klar, dass unsere Familie besser in eine eher urbane Umgebung passte. Dennoch waren wir sehr traurig, als wir unsere Sachen packten und uns auf den Weg zurück in den Mittleren Westen machten. Als ich in die Gegend um Chicago zurückkehrte, erweiterte sich meine Arbeit. Ich beriet Einzelpersonen und hielt Kurse ab. Das Lesen meiner eigenen Akasha-Chronik hatte mir Zugang zu unbezahlbaren Ressourcen verschafft: Kurse, Ideen und Vorschläge zu ihrer Umsetzung.

Mich hatte schon immer die Frage beschäftigt, wie man sowohl bewusst spirituell lebt und gleichzeitig verantwortungsvoll am Alltag teilnehmen kann. Und diese Frage verlangte immer noch nach einer Antwort. Ich hatte so viele, viele Menschen erlebt, die entweder das eine oder das andere verkörperten, und wusste intuitiv, dass die spirituelle Kraft, die ich gefunden hatte, mich nicht aus dem Leben reißen, sondern mein reguläres Leben verbessern sollte. Während ich Zeit mit meiner Chronik verbrachte, suchte ich Rat und Anleitung zu diesem Thema und vielen anderen.

Nachdem ich einige Jahre im Mittleren Westen Kurse gegeben hatte, bekam ich unerwartet einen Anruf von Mary Parker. Sie erzählte mir, dass sie ihre Beziehungen zu den Menschen, die ihr heiliges Gebet nutzten, um Kurse über die Akasha-Chronik zu geben, neu strukturieren wolle. Inzwischen hatte ich viel Erfahrung mit der Chronik, und die vielen Änderungen, die sie umsetzen wollte, ergaben für mich keinen Sinn. Ich erkannte, dass ich ihre Ideen nicht in meine Arbeit integrieren konnte, weil ich eine andere Art Führung erhielt als sie. So erkannte ich, dass ich zurücktreten musste, aus Respekt vor Mary und ihrer Abstammungslinie und aus Respekt vor mir selbst. Ich hörte auf, Kurse über die Akasha-Chronik zu geben, und arbeitete nur noch mit Einzelpersonen. Es war ein schwieriger Übergang, weil ein Teil von mir zu der Gemeinschaft gehören wollte, die ich kennengelernt hatte. Der Preis dieser Zugehörigkeit wäre jedoch, meine eigene spirituelle Wahrheit zu verleugnen und meine eigene Führung zu ignorieren, was nicht infrage kam.

Achtzehn Monaten betete und weinte ich, machte mir Gedanken und navigierte durch einen starken inneren Strudel. In dessen Zentrum kämpfte ich mit meiner Beziehung zu Gott, wie ich ihn verstand. Dieser Kampf brachte die Grundlage für das hervor, was ich »die Gotteskurse« nannte. Obwohl das, was ich geschaffen hatte, mir anfangs eine systematische Möglichkeit gab, einige meiner überholten Vorstellungen von Gott hinter mir zu lassen, erkannte ich, dass dieser Ansatz andere aus gutem Grund weiterbringen konnte. In meinen Kursen zur Akasha-Chronik hatte ich beobachtet, dass diejenigen, die sich mit ihrem Gott wohlfühlten, eine tiefe und erfüllende Arbeit mit der Akasha-Chronik leisteten. Denjenigen, die sich mit ihrem Gott unwohl fühlten, fiel es jedoch deutlich schwerer, mit der Chronik zu arbeiten. Die Gotteskurse waren also für uns alle hilfreich.

Als ich im Sommer 2001 wie wild um Hilfe betete, erhielt ich immer wieder die Botschaft, ich müsse andere im Umgang mit der Akasha-Chronik unterrichten! Das war faszinierend. Ich teilte Gott unmissverständlich mit, dass dies für mich nicht infrage komme, aber die Vorstellung hielt sich hartnäckig und ließ mich nicht mehr los. Am ersten Wochenende im September, mitten in einem spirituellen Wutanfall, kam ein Gebet zu mir. Es durchbrach mein Geschrei, und mein Verstand wurde ganz still, als die Worte und der Rhythmus still und leise den ganzen Raum beherrschten. Das Sprechen dieses Gebet öffnete mich für einen mächtigen Bereich der Chronik, in dem mein Herz weicher wurde und sich mein denkender Geist bereit machte, mein Herz zu unterstützen. Mit dem Pathway-Gebet hatte ich mich auf eine neue Ebene begeben. Es war fantastisch.

Nachdem ich mein eigenes heiliges Gebet aus der Chronik erhalten hatte, vereinbarte ich mit meiner Assistentin Christina einen Termin für ein Telefongespräch am Morgen des 11. September 2001. Ich hatte vor, ihr von dem Gebet zu erzählen, und war gespannt auf ihre Reaktion. An jenem Morgen, während wir uns unterhielten, wurden die Zwillingstürme des World Trade Center in New York City angegriffen, und Millionen wurde eine neue Dimension des Bewusstseins eröffnet. Ich werde später noch mehr über diese Konvergenz sagen, aber ich glaube, dass ich das Pathway-Gebet als Zugang zum Herzen der Akasha-Chronik erhielt aufgrund der höheren Schwingungen, die an diesem Tag freigesetzt wurden.

Ich musste so viel lernen! Das Pathway-Gebet beschäftigt das Herz intensiv und erfordert von den Praktizierenden aktive innere Arbeit. Je reiner und offener ihre Herzen sind, desto stärker ist ihre Verbindung zum Licht. Wenn das Herz offen ist, bietet dieses Gebet ein zugängliches Portal zur Akasha-Chronik. Ich wollte den Rat aus der Chronik unbedingt befolgen. Also gründete ich bald darauf das Zentrum für Akasha-Studien und gab dort Kurse, viele Kurse. Aus der Chronik drangen immer wieder neue Ideen und Einsichten zu mir durch, und ich handelte danach, so gut es mir möglich war.

An diesem besonderen Weg in die Chronik hat mich am meisten die Präsenz von Mitgefühl und Akzeptanz beeindruckt. Mit jeder durchgeführten Lesung (für mich selbst oder jemand anderen) bekomme ich eine frische Dosis Licht und Liebe. Es mag kitschig klingen, aber es ist wahr. Diese Energien haben mir geholfen, über Selbstablehnung und Selbstaufgabe hinauszuwachsen und mehr Selbstliebe zu entwickeln. Und mit dem wachsendenen Bewusstsein für die Liebe in mir, ist es für mich nur natürlich, dass ich mehr Liebe mit anderen teilen will.

Im Laufe der Jahre hatte ich viele Beratungssitzungen mit Praktizierenden verschiedener Disziplinen. Astrologen, Aura-Leser, Intuitive und Channelmedien – alle gaben mir viele positive und hilfreiche Anregungen. Allerdings hatte ich bei diesen Beratungen oft das gleiche Problem. Ganz gleich, wer mich beriet oder welche Wahrsagemethode verwendet wurde, mir wurde nachdrücklich gesagt, alles sei in Ordnung, wenn ich »mich nur selbst liebte«. Doch dazu gedrängt zu werden machte es nicht einfacher, an diesen Ort in mir selbst zu gelangen. Obwohl ich wusste, dass sie recht hatten und mir unbedingt helfen wollten, hatte ich keine Idee, wie ich ihre Worte umsetzen sollte, mein damaliges Ich zu akzeptieren und zu respektieren.

Doch durch die Gnade eines unendlich großzügigen und liebevollen Gottes liebe ich mich selbst heute mehr denn je. Auf diesem Weg in das Herz der Akasha-Chronik habe ich das deutliche Gefühl meiner eigenen Güte und der Güte anderer gespürt sowie die Erfahrung, gesehen, verstanden und geliebt und – besonders wichtig – gemocht zu werden. Es ist mein aufrichtiger Wunsch, dass dieses Buch dich zu jener Quelle des Lichts führt, von der diese wunderbaren Eigenschaften ausgehen: die Akasha-Chronik.

Dank

Ich war auf meiner Reise stets mit wunderbaren Reisebegleitern gesegnet. Allen Menschen, die einen Moment oder mehr mit mir verbracht haben, danke ich von ganzem Herzen für das, was sie für mich und meine Arbeit getan haben.

Eine besondere Gruppe von Menschen möchte ich hervorheben.

Mein größter Dank geht an Juliette Looye für ihre schriftstellerisches Begabung und dafür, dass sie mich bei der Entdeckung unterstützt, wie ich die Liebe und Weisheit der Chronik über das geschriebene Wort vermitteln kann. Ihr Schreibtalent, ihre organisatorischen Fähigkeiten, ihr Gefühl für Tempo und ihr Auge für Details sind erstaunlich. Füge diesen Gaben noch ihre Lebenslust hinzu und voilà! Unsere Zusammenarbeit erwies sich als Segen und als etwas, wobei wir einen Riesenspaß hatten.

Danke an Christina Cross, meine langjährige Assistentin und wahre Freundin, für ihr reines Herz, ihren offenen Geist, ihre endlose Geduld und ihren wahren Weitblick sowie für ihre nie endende Unterstützung und Ermutigung. Ich empfinde die tiefste Wertschätzung für das Privileg unserer Zusammenarbeit und die Freude, den wir dabei haben.

Danke an Jean Lachowicz, die immer da ist, furchtlos und bereit, auf jede erdenkliche Weise zu helfen. Sie ist hartnäckig, entschlossen und standhaft, egal ob es darum geht, eine Krise zu bewältigen oder eine langfristige Strategie zu entwickeln. Und sie bringt immer einen fabelhaften Sinn für Humor mit. Ich werde ihr ewig dankbar sein.

Danke an Mary Brown, dass sie zur richtigen Zeit aufgetaucht ist und mir gesunden Menschenverstand vermittelt hat.

Ich danke Laura Staisiunas, dass sie ihrem Licht gefolgt und nach Colorado gezogen ist.

Danke an Carol Schneidman für ihre Ehrlichkeit.

Großen Dank an Mary und Michelle für die perfekte Hilfe in letzter Minute.

Meiner lieben Freundin Shelia Leidy, einer Prophetin in meinem Leben, danke ich ganz besonders dafür, dass sie an den wichtigen Wegkreuzungen da war, ihr Licht strahlen ließ und mir den entscheidenden Schubs zum Weitermachen gab.

Ich danke meinen wunderbaren Studienfreunden, besonders Anne und Amy, Rhonda, Homa, Tim S., Kim, Paula, Joan, Jennifer und Jessica. Ich danke der Gruppe aus Port Townsend und Seattle mit Maggie, Sylvan, Linda, Johanna und den anderen. Ich danke auch allen anderen, die den Weg eingeschlagen haben und so lange auf ihm gegangen sind, wie es für sie gut war. Ich liebe euch alle.

Für ihre lebenslange Freundschaft und Unterstützung danke ich Charlotte, JoAnne, Marla, K.D., Gie, George H., Donna, Julee, Mike, Steven, Timothy und Harriet.

Danke an alle meine Geschwister, an jeden und jede.

Tausend Dank auch an mein brillantes und großzügiges Kollegium Robert Dubiel, David Pond und Dawn Silver.

Vielen, vielen Dank an all die liebenswürdigen und fabelhaften Leute bei Sounds True.

Schließlich danke ich meiner Seelenverwandten und Erdpartnerin Lisa. Ich bin so unendlich dankbar dafür, dass du diesen Weg mit mir gegangen bist, dass du dabeibleibst, dass du den Glauben und die Fokus aufrecht hältst und weißt, dass dies meine Arbeit ist. Ich liebe dich. Und danke an Michael, den wunderbarsten Sohn des Universums. Du bist ein großes Geschenk in meinem Leben. Ich liebe dich.

Danke euch allen.

Zum Umgang mit diesem Buch

Ich bin begeistert, dass du zu diesem Buch gefunden hast, aus dem du lernst, wie man die Akasha-Chronik liest. Ich kann dir mit Gewissheit sagen: Wenn du auch nur annähernd solche Erfahrungen mit der Chronik machst wie meine Schüler und ich, wird dich diese Arbeit buchstäblich umhauen. Sie wird deine bis zu diesem Zeitpunkt falsche Wahrnehmung der Welt ausräumen. Sie wird die Ängste und Ausreden hinwegfegen, die dich vom Vorankommen abhalten. Und sie wird dich an einen neuen Ort des Verständnisses, der Einsicht, der Liebe und des Friedens bringen – an einen Ort, an dem es dir möglich ist, dein Leben und alles, was damit zusammenhängt, wirklich anzunehmen.

Also, herzlichen Glückwunsch! Irgendwann hast du die bewusste Entscheidung getroffen, deine spirituelle Verbindung zu vertiefen und erweiterte Erfahrungen auf diesem Planeten zu machen. Jetzt ist der perfekte Zeitpunkt, um damit zu beginnen, und dieses Buch ist das perfekte Werkzeug. Es enthält den Lehrplan für meinen zweitägigen Anfängerkurs und führt dich durch den gesamten Prozess, die Akasha-Chronik lesen zu lernen.

Das Buch ist in zwei Teile gegliedert. Im ersten Teil lernst du, wie man die Akasha-Chronik liest. Im zweiten Teil werden Techniken und Übungen vorgestellt, mit denen du die Chronik nutzen kannst, um dich selbst und andere zu heilen.

Beim Durcharbeiten des Buchs wirst du manche Teile wahrscheinlich nur einmal lesen. Andere hingegen werden zu Haltestellen, die du viele Male aufsuchst. Egal, wie du dieses Buch verwenden möchtest, die darin enthaltenen Informationen sind kumulativ. Sie bauen aufeinander auf. Also lies das Buch mindestens einmal vollständig durch.

Ich hoffe von Herzen, dass du ausgiebigen Gebrauch von diesem Buch machst, dass du deinen spirituellen Möglichkeiten eine faire Chance gibst. Mit diesem Buch als Leitfaden kannst du dem Licht auf eine Weise folgen, von der du dir nie hättest träumen lassen.

Und nun beginnt unsere Reise.

Eine Eröffnungsmeditation

Die Lichtsäule

Ich möchte die Gelegenheit nutzen, dich in einer aufregenden neuen Dimension des spirituellen Wissens willkommen zu heißen. Diese Dimension ist so subtil und hat eine so leichte und schnelle Schwingung, dass sie tatsächlich eine energetische Verschiebung in deinem Bewusstsein bewirken wird. Diese Verschiebung wird es dir ermöglichen, deine herkömmlichen Wahrnehmungsweisen zu verlassen, damit du auf das Außergewöhnliche zugreifen kannst – eine Schnittstelle zum Göttlichen!

Um diese Bewusstseinsverlagerung zu erleichtern, beginne ich jeden meiner Anfängerkurse mit einer Meditation. Die Meditation hilft uns, uns in einer energetischen Lichtsäule niederzulassen, die uns liebevollen Halt gibt, während wir uns unserer Arbeit widmen. Suche dir also einen bequemen Stuhl in einem ruhigen Raum. Setze dich aufrecht mit geradem Rücken und beiden Füßen auf dem Boden auf diesen Stuhl. Lies die folgende Meditationsanleitung in einem Tempo, das sich für dich angenehm anfühlt.

Lass zu, dass dein Stuhl dich aufrecht hält und unterstützt, während deine Füße flach am Boden sind. Bekomme ein Gefühl dafür, wo du bist und wo dein Körper ist. … Reibe nun deine Hände aneinander und fang an, Energie aus der Mitte der Erde nach oben zu ziehen. Zieh sie aus dem Zentrum des Planeten durch deine Fußsohlen nach oben und lass sie von unten nach oben durch deinen Körper wandern … durch deine Beine … durch deinen Rumpf … in deinen

Hals … und hinauf in die Höhle deines Schädels. Erlaube der Energie, in deine Kopfhaut einzudringen.

Während du deine Hände immer noch aneinanderreibst, merkst du vielleicht, dass die Energie durch deine Arme nach unten in deine Hände gewandert ist. Mittlerweile sollten deine Hände warm sein. Lass sie deine Aura reinigen, das Energiefeld deines Körpers. Reibe deinen Körper physisch ab und beseitige alle Schwingungen an dir oder um dich herum, die nicht deine eigenen sind. Schicke sie in die Erde, wo sie aufgenommen und umgewandelt werden können. Wenn du fertig bist, lege deine Hände mit den Handflächen nach oben in den Schoß oder auf die Armlehnen des Stuhls.

Erlaube dir jetzt, dir der unendlich mächtigen und liebevollen Quelle des Lichts bewusst zu werden, die immer da ist und etwa 45 Zentimeter über deinem Kopf schwebt. … Während du immer mehr auf das Licht aufmerksam wirst, wird es aktiver und regnet auf dich herab – vor dir, hinter dir und zu beiden Seiten. Das Licht beseitigt alles an dir oder um dich herum, was deine Fähigkeit beeinträchtigt, deine eigene Herzensgüte zu erleben.

Das Licht bewegt sich nun vom Kopf bis in die Zehen, sammelt sich unter deinen Füßen und schwillt allmählich an. Es bildet eine Lichtplattform, die dich zu dieser Zeit an diesem Ort hält. Sie bindet deine Füße nicht, sondern trägt und unterstützt sie.

Dann füllt das Licht nach und nach dein Energiefeld, diesen eiförmigen Raum, der sich etwa 45 Zentimeter um dich herum in jede Richtung erstreckt. Nach und nach füllt das Licht diesen Raum … bis zu deinen Knöcheln … deinen Knien … deinen Hüften … bis hinauf zu deinen Schultern und über deinen Kopf, sodass du schließlich in einer Säule aus Licht sitzt.

Nimm dir jetzt einen Moment Zeit, um das Licht auf dich wirken zu lassen. Zunächst zieht das Licht aufgrund seiner natürlichen magnetischen Eigenschaft alles aus dir heraus, was dir nicht guttut: jeden körperlichen Schmerz, jeden Stress, alle emotionalen Turbulenzen, Sorgen oder Chaos und alle Gedanken, die dir Angst machen oder dich aufregen könnten. Das Licht kann all das aus dir herausziehen. Es kann alles aus dir herausziehen, was deine Erfahrung des allgegenwärtigen inneren Friedens stört. Du musst dem Licht nicht sagen, was es tun soll. Das Licht ist eine unendliche Intelligenz, die genau weiß, was du in diesem Moment brauchst. Lass es einfach seine Arbeit erledigen …

Und während das Licht mit seiner magnetischen Natur etwas *aus dir* herauszieht, strahlt es gleichzeitig *in dich* hinein, aufgrund seines strahlenden Wesens. Und wenn das Licht aus jedem möglichen Winkel in dich einstrahlt – von vorn, von oben, von unten – und wenn es durch die Grenze deiner Haut geht, wird es zu genau dem, was du brauchst. Wenn es dir an Mut fehlt, wird das Licht zu Mut werden. Vielleicht brauchst du Trost? Dann wird das Licht dazu. Öffne dich, um das Licht zu beobachten, während es zu dem wird, was du brauchst, und genau das Bedürfnis erfüllt, das du gerade hast. Nimm dir ein wenig Zeit, um dies zuzulassen.

Inzwischen solltest du dich in einem Zustand des angemessenen Gleichgewichts befinden und bereit sein weiterzumachen. Bring deine Aufmerksamkeit zurück zu diesem Moment und lies dann weiter.

TEIL 1

Wie man die Akasha-Chronik liest

1

Die Akasha-Chronik. Eine Einführung

Was ist die Akasha-Chronik?

Die Akasha-Chronik ist eine Bewusstseinsdimension, die eine Schwingungsaufzeichnung jeder einzelnen Seele und ihrer Reise enthält. Dieser schwingende Bewusstseinskörper existiert überall in seiner Gesamtheit und ist zu jeder Zeit und an allen Orten vollständig verfügbar. Von daher ist die Chronik ein erfahrungsbasierter Wissenskörper, der nicht nur alles enthält, was jede Seele im Laufe ihrer Existenz jemals gedacht, gesagt und getan hat, sondern auch alle ihre künftigen Möglichkeiten.

Brechen wir diese Definition in kleinere Teile und beginnen mit der Bedeutung von *Bewusstseinsdimension*. Eine Bewusstseinsdimension ist ein Bereich der unsichtbaren Welt, den wir Menschen anhand seiner Eigenschaften oder Merkmale identifizieren und auch erleben können. Beispielsweise ist der Traumzustand eine Bewusstseinsdimension mit verschiedenen Ebenen der Schlafaktivität, die Menschen erkennen und erleben können. Andere Bewusstseinsdimensionen können in verschiedene »Regionen« des denkenden Geistes unterschieden werden: Bewusstsein und Unterbewusstsein; die Zone der Erinnerung; Bereiche des Gehirns, in denen musikalische oder mathematische Fähigkeiten angesiedelt sind; sowie Bereiche, die unsere körperlichen Fähigkeiten steuern. Eine weitere Bewusstseinsdimension sind die unterschiedlichen Entspannungszustände, die über die Gehirnaktivität gemessen werden. All diesen Bewusstseinsdimensionen ist eines gemeinsam: Wir wissen, dass sie existieren, obwohl sie unsichtbar sind.

Während des Zugreifens oder des »Öffnens« der Akasha-Chronik wechseln wir aus einem Zustand des gewöhnlichen menschlichen Bewusstseins in einen Zustand des göttlichen universellen Bewusstseins, in dem wir unser Einssein mit dem Göttlichen auf allen Ebenen erkennen. Dieser Bewusstseinszustand erlaubt uns, die Eindrücke und Schwingungen der Chronik wahrzunehmen. Die Chronik hat der Menschheit während ihrer gesamten Entwicklung gedient, und zwar mit dem außergewöhnlichen Zustand, in dem wir göttliche Erleuchtung in einer überschaubaren Geschwindigkeit empfangen und in unser menschliches Verständnis integrieren können. Aufgrund dieser Integration können wir tatsächlich sagen, dass uns der Zugang zur Akasha-Chronik Einblicke in den Himmel auf Erden gewährt!

Nun zur Bedeutung von *Akasha*. Die Einleitung zu *The Aquarian Gospel of Jesus the Christ* von Levi H. Dowling gibt vielleicht die beste Erklärung dieses Wortes:

> *Akasha* ist ein Wort aus dem Sanskrit und bedeutet »Urstoff«, das Medium, aus dem alle Dinge geformt werden ... Es ist die erste Stufe der Kristallisation des Geistes ... Dieser Urstoff ist von erlesener Feinheit und so empfindlich, dass selbst die geringsten Schwingungen an jedem Ort im Universum einen unauslöschlichen Eindruck darin hinterlassen.

Wenn wir von Akasha sprechen, beziehen wir uns auf Energie in ihrem ersten und frühesten Zustand – *bevor* sie in diesem Leben von unseren individuellen Gedanken gelenkt und von unseren Emotionen beeinflusst wurde. Diese Energie ist eine Eigenschaft des Lichts, sowohl im physischen als auch im spirituellen Sinne. Sie ist Lebendigkeit oder Vitalität, einzigartig individualisiert in spezifischen Seelen.

Akasha ist zwar ein Sanskrit-Wort, aber die Akasha-Chronik wird in vielen heiligen Texten erwähnt. Hier ein paar Beispiele:

> Du zählst, wie oft ich fliehen muss; sammle meine Tränen in deinen Schlauch! Stehen sie nicht in deinem Buch?
>
> Psalm 56:9

Da sprach ich: Siehe, ich komme, in der Buchrolle steht von mir geschrieben; deinen Willen zu tun, mein Gott, begehre ich, und dein Gesetz ist in meinem Herzen.

Psalm 40:8-9

Da sprach ich: »Siehe, ich komme – in der Buchrolle steht von mir geschrieben –, um deinen Willen, o Gott, zu tun!«

Hebräer 10:7

Deine Augen sahen mich schon als ungeformten Keim, und in dein Buch waren geschrieben alle Tage, die noch werden sollten, als noch keiner von ihnen war.

Psalm 139:16

... und ein anderes Buch wurde geöffnet ... das Buch des Lebens; und die Toten wurden gerichtet gemäß ihren Werken, entsprechend dem, was in den Büchern geschrieben stand.

Offenbarung 20:12

Mögen wir und das gesamte Haus Israel in Erinnerung bleiben und aufgezeichnet werden im Buch des Lebens – Segen, Nahrung und Frieden.

Machzor for Rosch Hashanah and Yom Kippur
– Herausgegeben von Rabbi Jules Harlow

[Und Jesus] erklärt [den Jüngern] den Sinn des unsichtbaren Pfades, der Geheimnisse des Heil'gen Odems und des Lichtes, welches ewig strahlt. Er spricht vom Buch des Lebens, von den Pergamenten Graphaels und von der Chronik der Erinnerungen, wo der Menschen Worte und Gedanken aufgezeichnet sind.

– *Das Wassermann-Evangelium von Jesus dem Christus* 158:3-4

Die Akasha-Chronik ist der Lichtkörper des universellen Selbstbewusstseins. Als solche enthält sie das universelle Bewusstsein mit seinen drei Hauptkomponenten Verstand, Herz und Wille. Die Chronik enthält auch die strahlenden Schwingungen des Lichts, die alle Dinge hervorbringen. Jedes Mal, wenn wir auf die Chronik zugreifen, wird unser Bewusstsein von dieser Beschaffenheit des Lichts beeinflusst, und wir werden davon »erleuchtet«. Wenn dies geschieht, zeigt sich die Wirkung des Lichts in unseren Gedanken und Gefühlen (und in denen unserer Klienten), und wir empfinden ein hohes Maß an Frieden und Wohlbefinden.

Die Akasha-Chronik wird von einer Gruppe nicht physischer Lichtwesen überwacht und geschützt, die Herren der Chronik genannt werden. Diese Wesen gewährleisten die Sicherheit und Integrität der Chronik. Sie bestimmen nicht nur, wer darauf zugreifen kann, sondern auch, welche Informationen diejenigen bekommen können. Die Herren der Chronik arbeiten mit den Meistern, Lehrern und Angehörigen zusammen, die als Schnittstelle zwischen der Akasha-Chronik und den irdischen Reichen dienen, indem sie die Informationen, die sie während jeder Akasha-Lesung weitergeben, sozusagen für sie »herunterladen«.

Obwohl die Herren der Chronik und die Akasha-Meister nicht physische Wesen sind, haben einige der Lehrer und alle Angehörigen als Menschen auf der Erde gelebt. Wenn du in der Akasha-Chronik arbeitest, wirst du die Herren der Chronik niemals sehen. Auch die Lehrer und Angehörigen wirst du nicht in ihrer menschlichen Form sehen, aber vielleicht spürst du eine *energetische* Präsenz, wenn ein Lehrer oder Angehöriger es für angemessen und notwendig hält, in Kontakt zu treten und bestimmte Informationen weiterzugeben. Normalerweise ziehen es die Meister, Lehrer und Angehörigen jedoch vor, anonym zu bleiben, damit wir lernen, uns eher auf die *Energie* der Chronik zu verlassen als auf bestimmte Persönlichkeiten in der Chronik.

In Kapitel 3 werde ich ausführlicher darauf eingehen, welche Rolle die Herren der Chronik sowie die Meister, Lehrer und Angehörigen jeweils spielen. Wie du der vorangegangenen Beschreibung vielleicht bereits entnommen hast, ist es für die Arbeit in der Akasha-Chronik erforderlich, das Konzept der Reinkarnation zu verstehen und zu akzeptieren. Aus Sicht der Chronik sind alle Seelen ewig. Auf diesem Kenntnisstand enthält die Chronik das Archiv jeder Seele, wie sie von einem Leben zum anderen als verschiedene Menschen auf der irdischen Ebene existierte, während sie sich in Zeit und Raum weiterentwickelt hat. Eine menschliche Inkarnation taucht als eine spezifische Manifestation der perfekten Blaupause der Seele auf. Der Zweck der menschlichen Erfahrung ist, im Physischen jenes vollkommene Selbst zu werden, das auf der Seelenebene bereits existiert. In das Bewusstsein der eigenen spirituellen Natur hineinzuwachsen und in der Lage zu sein, dieses Bewusstsein im Physischen zu verankern und das optimale Selbst auf der Erdebene zu werden, braucht viel Zeit – viele Leben sogar. In der Chronik können wir unsere verschiedenen Inkarnationen sehen und erfassen. Im Prinzip ist die Akasha-Chronik also sowohl die perfekte Blaupause auf der Seelenebene als auch der Katalog der Erfahrungen, die eine individuelle Seele macht, während sie in das Bewusstsein ihrer selbst als spirituelles Wesen, das von göttlicher Natur ist und sich in der physischen Arena auf der Erde manifestiert, hineinwächst.

Traditionelle Therapie wird oft benötigt, um etwas Grundlegendes zu lernen und entsprechende Probleme zu bewältigen. Aber wenn man bereit ist, sich über die Basis hinaus zum Außergewöhnlichen zu bewegen, übertrifft die Kraft der Akasha-Chronik die der traditionellen Therapie bei Weitem … Ich bin sehr dankbar, dass mir dieses kraftvolle und aufregende Werkzeug zur Verfügung steht, um meine Selbsterkenntnis zu vertiefen und zu werden, was mir von Geburt an bestimmt war.

– Kathryn

Es ist leicht zu verstehen, warum Akasha oft als »Chronik« bezeichnet wird. Akasha ist so organisiert, dass wir Menschen mit dieser spirituellen Ressource interagieren und innerhalb der irdischen Zeit und des irdischen Raumes Einsicht, Führung und Verständnis erlangen können. Damit die Chronik für uns zugänglich ist, ist sie nach aktuellen offiziellen Namen geordnet. Auf diese Weise können wir Zugang bekommen und die Blaupause oder die »Chronik« unserer individuellen Seele finden und den Weg zu ihrer Verwirklichung untersuchen, egal in welchem Leben wir uns befinden.

Zwar ist die Akasha-Chronik jeder Seele überall gleichzeitig und komplett zugänglich, aber es wäre nicht sinnvoll, in einer einzigen Akasha-Lesung vollständigen Zugang zur Chronik einer Seele zu haben. Die Informationen wären so umfangreich und überwältigend, dass ihre Entschlüsselung fast unmöglich wäre, was vielleicht mehr schaden als nützen würde.

Jeder Name hat eine eindeutige Schwingungsqualität. Wenn wir die Chronik einer bestimmten Seele öffnen, benutzen wir den Namen, den die Seele derzeit in diesem Leben verwendet. Die Schwingung dieses Namens stellt uns dann die »Reihe von Aufzeichnungen« zur Verfügung, die Informationen enthält, die für die Lesung besonders relevant sind. Es ist kein Wunder, dass die Akasha-Chronik mit einem »kosmischen Internet« verglichen wurde, in dem wir bestimmte Informationen »googlen« können, wenn wir die Chronik einer Person öffnen.

Die Energie der Chronik bewegt sich auf dem formulierten oder gesprochenen Wort. Während ein Akasha-Leser beschreibt, was er oder sie aus der Chronik empfängt, kommt der Prozess in Gang. Die gesprochenen Worte fördern die Bewegung der Energie, die Beziehung zur vorliegenden Geschichte und die Gedanken, Gefühle sowie die nachfolgenden Taten des Klienten. Indem du in deiner eigenen Chronik arbeitest und dem, was passiert, Worte zuordnest – durch Denken, Schreiben oder Sprechen –, förderst du den gleichen Energie- und Informationsfluss.

Die Akasha-Chronik verändert und vergrößert sich ständig. Während sich unsere Seele im Laufe der Zeit weiterentwickelt, passt sich unsere Chronik an, um unser Wachstum widerzuspiegeln, und befindet sich in einem kontinuierlichen Zustand der Verfeinerung, während wir uns an unserer Perfektion ausrichten und diese Perfektion in unserem irdischen Leben manifestieren. Daher können wir die

Chronik als eine vermittelnde Instanz aller vergangenen, gegenwärtigen und künftigen Möglichkeiten, Wahrscheinlichkeiten und Eventualitäten betrachten. Aus ihr können wir Zusammenhänge und Führung ableiten, während wir uns auf unserer Reise innerlich öffnen, um unser optimales Selbst in der physischen Welt zu werden.

Die Akasha-Chronik drängt sich nicht auf und ist nicht invasiv. Sie ist weder mit einer bestimmten Persönlichkeit oder Entität verbunden, noch gehört sie einer menschlichen Organisation oder Institution oder wird von ihr beeinflusst. Daher ist sie nicht die ausschließliche Domäne irgendeiner Religion oder metaphysischen Weisheitslehre, sondern steht allen zur Verfügung.

Weil Akasha die primäre Substanz ist, aus der alle Gedanken geformt werden, wird die Chronik von verschiedenen Kulturen, Religionen und organisierten Glaubenssystemen auf unterschiedliche Weise interpretiert. Einig sind sich alle über die Akasha-Energie selbst, die sich manifestiert und allgemein als Liebe, Licht, Frieden, Kraft, Schönheit, Harmonie, Freude, Kraft, Ordnung und Gleichgewicht erkannt wird.

Wer nutzt die Akasha-Chronik und warum?

Jahrhundertelang war die Akasha-Chronik die exklusive Domäne von Mystikern, Heiligen und Gelehrten, und das zu Recht. Die Chronik hält unendlich viel Macht und Weisheit bereit. Und anvertraut wurde sie ausschließlich denen, die gut darauf vorbereitet sind, die Verantwortung für dieses tiefe Wissen zu tragen. Sowohl in der östlichen als auch in der westlichen Tradition gab es Mysterienschulen, in denen Suchende auf esoterisches Wissen vorbereitet wurden. Die Ausbildung dort war für ihre Strenge und ihren hohen Anspruch bekannt, um die Heiligkeit der Arbeit zu sichern und sowohl die Eingeweihten als auch die Dimension des Bewusstseins zu schützen.

Doch die Zeiten haben sich geändert. Das kollektive Bewusstsein der Menschheit ist gewachsen, hat sich entwickelt und ist gereift.

Dabei hat sich die Menschheit aus dem Zeitalter der Abhängigkeit von einem spirituellen »Elternteil« hin zu spiritueller Unabhängigkeit und Verantwortung bewegt. Diese spirituelle Unabhängigkeit zeichnet sich dadurch aus, dass die betroffenen Individuen wissen, dass sie direkten Zugang zu ihrer spirituellen Quelle haben, und ihre Unabhängigkeit nutzen, um diese Beziehung zu pflegen. Während wir uns kontinuierlich neue Wege bahnen – sowohl *in* der Akasha-Chronik als auch *zu* ihr hin –, werden mehr Menschen als je zuvor von ihrem Licht angezogen. Heute hat jeder, der sich ganz bewusst verpflichtet, göttliches Licht und Heilung zu suchen und zu verbreiten, Zugriff auf diesen Fundus an Weisheit, Erkenntnis und Führung.

Mitte des 20. Jahrhunderts war Edgar Cayce (1877–1945) die einzige Person, die öffentlich aus der Akasha-Chronik las. Er war als »der schlafende Prophet« bekannt, denn sein Vorgehen war, sich selbst in einen Schlafzustand zu versetzen und in diesem anderen Bewusstsein auf die Akasha-Chronik zuzugreifen. In diesem Zustand gab Cayce Informationen weiter, die eine andere Person notierte. Wenn er aufwachte, kehrte er in seinen normalen Bewusstseinszustand zurück und erinnerte sich an nichts von dem, was passiert war.

Dreiundvierzig Jahre lang hielt Cayce täglich Lesungen aus der Akasha-Chronik. Heute sind diese Lesungen – mehr als 14.000 – der Öffentlichkeit zugänglich und bieten eine Fülle von Informationen über die Akasha-Chronik selbst sowie Antworten auf Tausende von Fragen zu Gesundheit und Spiritualität. Aus heutiger Sicht hat Cayce' Werk besondere Bedeutung, da er die Akasha-Chronik populär gemacht hat. Zwar bezogen sich auch die Theosophin H. P. Blavatsky (1831–1891) und der Anthroposoph Rudolf Steiner (1861–1925) in ihren Schrif-

Ich habe als Kind von Edgar Cayce gelesen, aber erst nach meiner Nahtoderfahrung empfahl mir jemand eine Akasha-Chronik-Lesung. Ich hatte außerkörperliche Erfahrungen gemacht und suchte nach einem Ankerplatz, einem sicheren Ort. Nach dieser Lesung lernte ich, selbst in der Chronik zu lesen. Die Chronik ist mein kleiner Anker geworden.

– Rhonda

ten auf die Akasha-Chronik, aber erst mit Cayce' Arbeit Anfang bis Mitte des 20. Jahrhunderts wurde das Lesen der Akasha-Chronik zu einer vertrauten Praxis in der Bewusstseinsentwicklung.

Heute haben Tausende von Menschen eine starke Beziehung zur Akasha-Chronik. Während manche ausschließlich für ihr persönliches Wachstum und ihre Entwicklung mit ihrer Chronik arbeiten, nutzen andere sie zur Unterstützung künstlerischer Aktivitäten wie Fotografie, Töpfern, Malen, Schreiben und Komponieren. Geschäftsleute verwenden die Chronik um ihre Unternehmen oder ihrer Karriere zu leiten, und Eltern nutzen sie als Orientierungshilfe und Unterstützung bei der Erziehung.

Wie greifen Menschen auf die Akasha-Chronik zu?

Die Vielfalt der Methoden, mit denen Menschen heute auf die Akasha-Chronik zugreifen, entspricht der Vielfalt der Möglichkeiten, die sie haben, um mit spirituellen Ressourcen in Kontakt zu treten. Der Pathway-Gebetsprozess, den ich in diesem Buch vorstelle, ist Teil der Tradition des »heiligen Gebets« als Zugang zur Chronik. In dieser Tradition finden Individuen ihren Weg in die Chronik durch die Licht- und Tonschwingungen gesprochener Worte. Die verschiedenen entwickelten Gebete sind wie »Zugangsrampen« in die verschiedenen Bereiche der Chronik.

Während mache Menschen Gebete einsetzen, um auf die Chronik zuzugreifen, erhalten andere Zugang durch Hypnose. Wieder andere konnten die Chronik anzapfen, indem sie die Symbole der als Reiki bekannten Heilungspraxis verwendeten. Und es gibt auch Menschen, die als Ergebnis ihrer Meditationspraktiken und anderer Formen der Bewusstseinsentwicklung Zugang zur Chronik bekommen haben.

Alle Wege in eine bewusste Beziehung zur Akasha-Chronik sind gut und haben ihre Berechtigung. Es kommt bei der von dir gewählten Methode am meisten darauf an, dass sie zu dir als Person passt und es dir ermöglicht, auf angenehme Weise die effektivsten Lesun-

> Ich wurde von einem Freund ermutigt, zu einer Akasha-Chronik-Lesung zu gehen, aber ich hatte Angst. Letztendlich machte ich doch einen Termin, weil ich eine große Frage zu meiner Arbeit – meiner kreativen Arbeit – hatte. Diese Lesung hat mein Leben verändert! Ich habe inzwischen ein eigenes Atelier und bin in Kontakt mit meiner Kreativität.
>
> *– Homa*

gen zu erleben. Indem du dieses Buch in die Hand genommen hast, wurdest du zum Pathway-Gebetsprozess geführt, um ins Herz der Akasha-Chronik zu gelangen, weil diese spezielle Methode bei dir funktionieren kann. Du wärst nicht zu dieser Methode geführt worden, wenn sie für dich nicht wirksam wäre. Du darfst dich entspannen, denn du bist auf dem richtigen Weg. Wenn du bereit bist, die ersten Schritte hin in Richtung Öffnung deiner Akasha-Chronik zu gehen, wirst du von Gott geführt und unterstützt. Schließlich ist das Universum auf deiner Seite und hat sich für deinen Erfolg verschworen!

Bei meiner Arbeit als Lehrerin und Leserin der Chronik habe ich die Erfahrung gemacht, dass die meisten Menschen, die sich zum Pathway-Gebetsprozess hingezogen fühlen, irgendwann früher Erfahrungen mit der Energie der Akasha-Chronik gemacht haben. Diese waren allerdings wohl eher »zufällig« und konnten daher nicht so leicht dupliziert werden. Die Chronik war deshalb keine zuverlässige spirituelle Quelle für sie gewesen. Der bewusste Einsatz des Pathway-Gebetsprozesses – der im Grunde ein spiritueller Kodex ist – gibt dir jedoch die Vollmacht über den Prozess, sodass du jederzeit auf die Chronik zugreifen kannst. Im Wesentlichen gibt dir der Einsatz des Pathway-Gebets eine Möglichkeit, bewusst, verantwortungsvoll, direkt und nach Bedarf für dich selbst und andere auf die Chronik zuzugreifen. Dies hat es in der Geschichte der Menschheit noch nie gegeben.

Die Akasha-Chronik war zwar immer verfügbar, aber sie war nicht immer für alle verfügbar. Vielmehr war die Chronik lange Zeit die Domäne einer auserwählten Gruppe, die in ihrem eigenen Interesse oder im Interesse ihrer jeweiligen Gemeinschaft mit dem Akasha interagierte. Wenn wir in Zusammenhang mit der Akasha-Chronik über das Neue Zeitalter sprechen, meinen wir die Zeit, in der säkulare Menschen ihre eigenen Ressourcen, einschließlich der Chronik, wählen und ihren eigenen spirituellen Weg gehen. Die Tage der spirituellen Unreife, Gängelei, spirituellen Unterdrückung und Schikane sind vorbei. Wir leben in einem neuen Zeitalter, in dem wir lernen, eine bewusste Beziehung zu unserer eigenen spirituellen Autorität zu haben. Vor hundert Jahren war dies nicht möglich. Es wäre sogar als skandalös betrachtet worden.

Es ist auffällig, dass selbst heute noch nicht sehr viele Bücher über die Akasha-Chronik im Umlauf sind. Noch bemerkenswerter ist die Tatsache, dass dieses Buch insofern das erste seiner Art ist, weil es tatsächlich eine explizite Methode zum Lesen der Akasha-Chronik lehrt.

In der zweiten Hälfte des zwanzigsten Jahrhunderts erschienen einige Bücher, in denen die Akasha-Chronik identifiziert und beschrieben wurde. Ihre Veröffentlichung fiel mit der ersten Phase des Massenbewusstseins über die Existenz der Chronik und ihr Potenzial als spirituelle Ressource zusammen. Aus dieser ersten Generation von Büchern gibt es zwei, die ich empfehle. Das erste ist von Robert Chaney, dem Gründer der Astara Foundation, einer Schule für metaphysische Weisheit in Kalifornien. Sein Buch *Akashic Records: Past Lives & New Directions* vergleicht die Akasha-Chronik mit einem Computersystem und verwendet technische Begriffe, um verschiedene Elemente der Chronik zu erläutern. Das zweite Buch ist von Kevin Todeschi von der Association for Research and Enlightenment (A.R.E.), einer Organisation, die das Werk von Edgar Cayce untersucht und bewirbt. Todeschis Buch *Edgar Cayce on the Akashic Records: The Book of Life* bietet eine aufschlussreiche Sicht darauf, wie Cayce mit der Chronik arbeitete, welche Informationen er in den Lesungen bekam und wie diese Informationen eingesetzt wurden.

Von den nach 2000 veröffentlichten Büchern empfehle ich ein spannendes Werk des Physikers Ervin Laszlo mit dem Titel *Science and the Akasha Field: An Integral Theory of Everything* (dt. *Der Akasha-Code. Wie das kosmische Bewusstseinsfeld uns beeinflusst*). Dieses Buch verfolgt einen wissenschaftlichen Ansatz, um die Existenz der Akasha-

> Als ich zum ersten Mal meine eigene Chronik öffnete, fühlte ich mich vollständig in Licht eingehüllt, und ich wusste: Ich war zu Hause. Es war eine sehr kraftvolle Erfahrung. Mein Herz schlug wie wild! Ich brauchte ein oder zwei Minuten, um mich zu beruhigen.
>
> – *Nancy*

Chronik oder des »Akasha-Feldes« zu identifizieren und zu bestätigen.

Ich habe dieses Buch über das Lesen der Akasha-Chronik geschrieben, weil ich dir ein Werkzeug an die Hand geben möchte, mit dem du auf deinem spirituellen Weg voranschreiten kannst. Dies ist die Zeit. Es ist unsere Zeit in der Geschichte, und wir sind die Menschen – die Avantgarde des Neuen Zeitalters, Individuen, die Verantwortung für ihr eigenes spirituelles Bewusstsein übernehmen und für ihre bewusste Beziehung zu dem Gott ihrer eigenen Erkenntnis. Das ist kein altmodisches Channeling. Als Akasha-Leser »channeln« wir, indem wir zulassen, dass sich die Energie der Chronik durch unseren Körper, unser Herz und unsere Gedanken bewegt. Wir channeln Energie und Informationen direkt aus dem Akasha, nicht von Wesen oder Persönlichkeiten aus anderen Dimensionen.

Wie ich bereits erwähnt habe, kommen die meisten Menschen zu meinen Akasha-Lesungen oder -Kursen, weil sie auf einer tieferen Ebene bereits mit der Chronik vertraut sind. Sie reagieren auf eine innere Eingebung, die ihnen sagt, dass es für sie jetzt an der Zeit ist, aktiv und bewusst in ihrer spirituellen Entwicklung zu sein. Die Chronik begegnet den Menschen immer dort, wo sie gerade sind. Du fühlst dich nur dann zu diesem Buch hingezogen, wenn es für dich an der Zeit ist zu lernen, wie man die Chronik liest. Wenn du anfängst, die Chronik zu lesen, stellst du vielleicht fest, dass sie dir vertraut vorkommt. Fühle dich wie zu Hause.

Wie greifen wir in diesem Buch auf die Akasha-Chronik zu?

In diesem Buch verwenden wir den Pathway-Gebetsprozess, um auf das Herz der Akasha-Chronik zuzugreifen. Wie ich im Vorwort erwähnt habe, erhielt ich das Pathway-Gebet im September 2001 von meinen Akasha-Meistern, Lehrern und Angehörigen. Und gerade als ich meiner Assistentin Christina zum ersten Mal davon erzählte, nämlich am 11. September, stürzten die Zwillingstürme des World Trade Center ein. Es gab damals eine Öffnung im kollektiven Herzen der Menschheit, weil dies der aggressivste Einzelangriff der Geschichte auf amerikanischem Boden war und unser früheres Gefühl der Unbesiegbarkeit erschüttert wurde – um durch ein neues Gefühl der Verletzlichkeit ersetzt zu werden. Als derzeit weltweite Leitfigur der Bewegung für spirituelles Erwachen steht die amerikanische Psyche in dieser Beziehung an der Spitze der Menschheit. Eine Verletzung des Anführers beeinflusst immer die ganze Gruppe. Die Wunde im Herzen Amerikas bedeutet eine Wunde im Herzen der gesamten Menschheit und bewirkt dessen anschließende Öffnung. Und dieses besondere Gebet ist ein Kristallisationspunkt für die menschliche Aufmerksamkeit. Es verankert und stabilisiert diese Öffnung des Herzraums und ermöglicht uns einen tieferen Zugang dazu. Weil die Herzen so vieler Menschen geöffnet wurden und sich an diesem Tag auf der ganzen Welt einander zuwandten, glaube ich, dass auch dieses Gebet einen Weg in den Kern, in das Herz der Chronik, den Sitz der bedingungslosen Liebe im Akasha-Körper der Weisheit erschlossen hat.

Warum sollte man ein Gebet einsetzen, um Zugang zur Akasha-Chronik zu bekommen? Da sie im Reich des Geistes existiert, gilt sie als »spirituelle« Entität, und dieser besondere Bereich des Bewusstseins wird am besten durch die spirituelle Handlung des Betens erreicht. Als spirituelle Annäherung bezieht das Gebet unser ganzes Wesen ein: den mentalen Prozess des Lenkens und Fokussierens unserer Gedanken, den physischen Akt, sie auszusprechen, und die emotionale Reaktion, die wir in Bezug auf unsere Botschaft oder Bitte empfinden. Dies alles verbindet sich zu einer spirituellen Erfahrung, durch die wir Zeit und Raum durchdringen und bewusst Kontakt mit dem Göttlichen Geist aufnehmen. Selbst wenn wir uns beim Beten nicht spirituell fühlen, ist die Handlung selbst eine Anerkennung der spirituellen Wahrheit und des Wunsches, zu dieser Zeit von diesem Ort aus zu leben und zu handeln.

In den letzten Jahren habe ich Hunderte von Schülern im Pathway-Gebetsprozess unterrichtet und dabei beobachtet, wie sie ihn nutzten, um eine neue und höhere Dimension des Bewusstseins einzuleiten – nicht nur für sich selbst, sondern auch für diejenigen, für die sie in der Chronik lasen. Es war ein aufregender und wundervoller Prozess, dessen Auswirkungen auf dem ganzen Planeten zu spüren sind. Und jetzt freue ich mich, dass ich dir den Pathway-Gebetsprozess vorstellen kann.

2

Richtlinien und Grundregeln für das Lesen der Akasha-Chronik

In diesem Kapitel stelle ich einige Richtlinien vor, die dir die Arbeit mit der Chronik erleichtern werden. Sie sollen dir helfen, dich auf möglichst aufschlussreiche Erfahrungen vorzubereiten. Sie fördern Freundlichkeit und Respekt in der Kommunikation sowie einen verantwortungsvollen Umgang mit der Zeit und bieten passende Möglichkeiten, die Chronik mit anderen spirituellen Systemen zu kombinieren. Die Richtlinien enthalten auch Vorschläge für das Formulieren deiner Fragen vor einer Lesung und beschreiben, welche Art von Informationen du möglicherweise bekommst, sowie die Art und Weise, wie du sie erhältst.

Diese Richtlinien speisen sich aus verschiedenen Quellen wie Mary Parker; meine eigenen Akasha-Meister, Lehrer und Angehörigen, sowie die Erfahrungen, die ich gemacht habe, während ich anderen das Lesen der Chronik beibrachte. Im Laufe der Jahre entdeckte ich verschiedene Arbeitsmöglichkeiten mit der Chronik, die genauere und wirkungsvollere Lesungen unterstützen. Ich gebe diese Informationen an dich weiter, damit du in deinem Schaffen erfolgreich sein kannst.

Wie soll ich mich auf das Lesen der Akasha-Chronik vorbereiten?

Deine Lebensweise hat keinen Einfluss auf deine Fähigkeit, auf die Akasha-Chronik zuzugreifen. Über die beste Herangehensweise an eine Lesung aus der Akasha-Chronik sollte jedoch bewusst und wohldurchdacht entschieden werden. Die folgenden Richtlinien helfen dir, Entscheidungen zu treffen, die dich verantwortungsvoll mit der Chronik arbeiten lassen. Sie erleichtern dir den Übergang in das Akasha-Bewusstseinsfeld und helfen dir, die Informationen so klar und deutlich wie möglich zu empfangen. Obwohl ich mich zur Vorbereitung auf die Lesungen selbst strikt an diese Richtlinien halte, bitte ich dich keineswegs, deine persönliche Lebensweise zu ändern und die Richtlinien täglich zu befolgen. Wenn du beispielsweise gern Alkohol trinkst, ist das allein deine Entscheidung. Ich rate dir lediglich, 24 Stunden vor einer Lesung auf Alkohol zu verzichten. In der ersten Richtlinie unten wird erklärt, warum dies wichtig ist.

Richtlinien für das Lesen der Akasha-Chronik

1. **Nimm 24 Stunden vor Öffnen der Chronik weder Drogen noch Alkohol zu dir.**
   Für Medikamente gilt: Wenn du ein verschreibungspflichtiges Medikament einnimmst, das dein Körper für sein Gleichgewicht und seine Heilung braucht, wird dies deine Fähigkeit, die Chronik zu lesen, nicht stören. Drogen oder Alkohol hingegen arbeiten beim Lesen gegen dich, weil sie dein Energiefeld beeinträchtigen und seine Ränder unscharf machen oder »ausfransen« lassen, und das verzerrt deine Wahrnehmung. (Dies ist vergleichbar mit einem Zerrspiegel, in dem du kein richtiges Bild von dir sehen kannst.) Eine verzerrte Wahrnehmung der Wirklichkeit mag zwar in bestimmten Zusammenhängen akzeptabel sein, aber während einer Lesung in der Akasha-Chronik, deren Ziel darin besteht, die Wahrheit zu enthüllen, ist sie weder angemessen noch verantwortungsvoll.
2. **Verwende deinen aktuellen offiziellen Namen, wenn du die Chronik öffnest.**
   Jeder Name hat eine einzigartige energetische Schwingung. Die Schwingung deines aktuellen offiziellen Namens ermöglicht dir den Zugriff auf deine Aufzeichnungen in der Chronik. Und die

Verwendung deines *vollständigen* Namens – Suzette Joann Bailey statt Suzy Bailey, Suzy Jo Bailey oder Suzy J. Bailey – ermöglicht eine tiefere, ergiebigere Lesung. Wenn du deinen Namen offiziell änderst (etwa im Fall einer Eheschließung oder Scheidung), veränderst du die Schwingung in der Akasha-Chronik sowie die Richtung, in die dein Leben gehen kann. Verwende also den Namen, der auf deinen offiziellen Dokumenten steht, auch wenn es nicht der Name ist, den du jeden Tag verwendest. Wenn du diesbezüglich unsicher bist, frage dich einfach: »Welcher Name liegt dem Finanzamt vor?« Dies gilt auch, wenn du die Akasha-Chronik für andere liest.

3. **Geh verantwortungsvoll mit deiner Zeit in der Chronik um.**
Besonders wenn du dich die ersten Male in der Chronik bewegst und dich daran gewöhnst, solltest du dir für eine Lesung genügend Zeit nehmen, damit sich dein Bewusstsein vollständig anpassen kann. Diese Anpassung wird es dir ermöglichen, dich fest im Akasha-Feld zu »verankern«, damit du möglichst klare Informationen erhältst. Zwischen fünfzehn Minuten und einer Stunde in der Chronik ist ein angemessener Zeitaufwand. Alles unter fünfzehn Minuten wird sich weniger wie eine Akasha-Lesung anfühlen als vielmehr wie ein schnelles Orakel zu einer Ja-oder-nein-Frage. (Ab Seite 62 findest du die Arten von Fragen, die bei Akasha-Lesungen am besten funktionieren, sowie eine Erklärung, warum Ja-oder-nein-Fragen nicht so effektiv sind wie Wie-und-warum-Fragen.)

4. **Erde dich nach jeder Lesung.**
Wenn du die Akasha-Chronik verlässt oder »schließt«, wandert dein Bewusstsein auf deinen menschlichen Standpunkt zurück. Erde dich im Anschluss, damit du dich nach dieser Verschiebung nicht desorientiert fühlst: Trinke ein Glas Wasser. Wasch dein Gesicht. Iss etwas. Geh nach draußen und umarme einen Baum. Laufe barfuß herum. Tu das, was für dich am besten funktioniert und zu deinen unmittelbaren Umständen passt. Es ist wichtig, sich zu erden, denn so bringst du dein Selbst in den gegenwärtigen Moment zurück und wirst dir deiner Umgebung vollständig

bewusst. Zwei Erdungstechniken, die für mich gut funktionieren, sind mit meinem Hund Gassi gehen und den Müll rausbringen. Beides erfordert von mir, die Lesung loszulassen und bei dem, was ich tue, präsent zu sein.

5. **Wenn du die Akasha-Chronik mit anderen Systemen kombinierst, würdige immer beide Methoden.**
   Im Umkehrschluss bedeutet das, wenn die Richtlinien und Verfahren für ein bestimmtes System im Widerspruch zu den Richtlinien für das Lesen der Akasha-Chronik stehen, solltest du die Systeme nicht zusammen anwenden. Hier ein Beispiel: Du denkst über das Öffnen deiner Chronik nach, während du an Ritual Z teilnimmst, das die Einnahme halluzinogener Pilze erfordert. Aber du weißt inzwischen, dass du 24 Stunden lang auf Alkohol und Drogen verzichten musst, bevor du deine Chronik öffnest. Da die Vorgehensweise bei Ritual Z diesen Richtlinien widerspricht, solltest du beides separat praktizieren. Auf diese Weise würdigst du jedes System und hältst beide rein und wirkungsvoll.

Richtlinien zum Lesen der Akasha-Chronik für andere

1. **Hole die Erlaubnis einer Person ein, bevor du ihre Chronik öffnest.**
   Öffne die Chronik von jemandem *ausschließlich*, wenn sie oder er dich darum *bittet*. Sei dir immer bewusst, dass Akasha-Lesungen »nur auf Einladung« stattfinden. Also *erzähle* den Leuten nicht, dass sie Lesungen brauchen, oder setze sie nicht unter Druck, einer Lesung zuzustimmen, wenn ihnen die Vorstellung unangenehm ist. Sei dir dessen bewusst, dass es jeder Person selbst überlassen ist, ob sie eine Lesung durchführen lassen möchte oder nicht. Selbst wenn es den Anschein hat, als sehne sich die Seele oder das Höhere Selbst einer Person nach einer Lesung, wenn dieser Mensch nicht um eine Lesung bitten kann oder will, ist das Timing einfach nicht richtig – und eine Lesung durchzuführen wäre auch nicht richtig.

2. **Behandle alles streng vertraulich.**
Wenn du daran interessiert bist, Akasha-Lesungen für andere Menschen durchzuführen, verfügst du wahrscheinlich über eine natürliche Sensibilität für deren Bedürfnisse, insbesondere für das Bedürfnis nach Privatsphäre. Du respektierst also selbstverständlich den vertraulichen Charakter dieser Arbeit und sprichst nicht über die Lesungen anderer Personen. Wie bei allem gilt auch hier die goldene Regel: Behandle andere so, wie du von ihnen behandelt werden möchtest. Wenn du einmal am Empfängerende einer Lesung bist, wirst du diese Richtlinie besonders zu schätzen wissen.
3. **Präsentiere alle Informationen, die du bekommst, so positiv, freundlich und respektvoll wie möglich.**
Ziel jeder Lesung ist, die Person, für die gelesen wurde, zu würdigen und aufzubauen – das wahre Selbst und das Potenzial dieser Person zu offenbaren. Teile sanft und respektvoll alles mit, was die Meister, Lehrer und Angehörigen einer Person offenbaren, auch wenn es dir unangenehm ist, unbedeutend vorkommt oder keinen Sinn für dich ergibt. Manchmal ist das, was du nicht sagen willst, genau das, was eine Person am dringendsten hören muss.
4. **Öffne nicht die Chronik von Menschen unter achtzehn Jahren.**
Jede Kultur definiert selbst, wann ein Kind erwachsen wird. In den Vereinigten Staaten gilt man mit Vollendung des achtzehnten Lebensjahres als erwachsen. Der Pathway-Gebetsprozess richtet sich nach den kulturellen Normen der Vereinigten Staaten, weil sie das Ursprungsland dieses Systems sind. Bis sie achtzehn sind, unterstehen Kinder der rechtlichen Verantwortung ihrer Eltern oder Erziehungsberechtigten und dürfen bestimmte Entscheidungen für sich selbst noch nicht treffen. Da eine Akasha-Lesung von Individuen verlangt, dass sie Verantwortung für ihr eigenes Handeln (und ihr eigenes Karma) übernehmen, müssen Kinder bis zu ihrem achtzehnten Geburtstag warten, um eine Lesung zu erhalten. Das heißt jedoch nicht, dass Eltern nicht ihre eigene Chronik öffnen und Fragen zur Erziehung ihrer Kinder stellen können. Es gibt wert-

volle Informationen darüber, warum unsere Kinder in unserem Leben sind, wie wir ihr Wachstum am besten unterstützen und was wir aus unserer Beziehung zu ihnen lernen können. (Manchmal werde ich gefragt, ob es in Ordnung ist, die Chronik eines »reifen« Siebzehneinhalbjährigen zu öffnen. Meine Antwort ist immer dieselbe: Wenn diese Kinder wirklich reif sind, werden sie verstehen, warum es wichtig ist zu warten, bis sie volljährig sind.)

Empfehlungen für die ersten dreißig Tage

Sobald du dich bewusst entschlossen hast, den Pathway-Gebetsprozess zu lernen, beginnt deine Initiationsphase, und du trittst in eine »dreißigtägige Übergangszeit der Gnade« ein. Wenn du also einfach dieses Buch aufschlägst, das Gebet liest und einsetzt, bekommst du möglicherweise nicht sofort die gewünschten Ergebnisse. Wenn du dir jedoch Zeit nimmst, um das gesamte Buch zu lesen, und dich dann entscheidest, nach seinen Richtlinien und Regeln zu arbeiten, trittst du mit Gewissheit in die Zone der Gnade ein und bekommst energetische Unterstützung für deine Bestrebungen.

Wenn du die Richtlinien und Grundregeln gelesen hast, stellst du vielleicht fest, dass du noch nicht bereit bist, deine Akasha-Chronik zu öffnen. Das ist okay. Die dreißigtägige Übergangszeit beginnt erst, wenn du dich entschieden hast, der Chronik eine faire Chance zu geben. Du weißt, was eine »faire Chance« für dich bedeutet, und es ist deine Entscheidung. Du bist die Person, die sagt, was fair ist. Wenn in deinem Leben etwas passiert, das deine ganze Aufmerksamkeit erfordert, und du eine Zeit lang nicht in der Chronik arbeiten kannst, mach dir keine Sorgen. Lass die Chronik einfach los, bis du bereit bist, neu anzufangen. Deine dreißigtägige Übergangszeit der Gnade beginnt dann ebenfalls noch einmal von Neuem. In dieser Zeit begleiten dich die Herren der Chronik sanft auf deinem Weg in dieses aufregende neue geistige Reich.

Wenn du in dieser ersten Zeit anfängst, für andere zu lesen, werden die folgenden Richtlinien dazu beitragen, deine Angst zu verringern.

Empfehlungen für die dreißig Tage, nachdem du gelernt hast, die Akasha-Chronik zu lesen

1. **Biete anderen eine Akasha-Lesung an.**
   Wenn du erst einmal gelernt hast, auf die Akasha-Chronik zuzugreifen, kannst du dich am schnellsten damit vertraut machen, Lesungen zu geben, indem du so viel wie möglich übst. Daher ist es *in dieser dreißigtägigen Phase* zulässig, den Menschen Lesungen anzubieten, anstatt darauf zu warten, dass man darum gebeten wird. Erzähle in deinem Umfeld, dass du gerade gelernt hast, die Chronik zu lesen, und frage, ob du an ihnen üben kannst. Wenn sie einverstanden sind: großartig. Wenn sie zögern oder Nein sagen, ist das dein Stichwort: Stopp. Lass sie in Ruhe. Frage jemand anderen.
2. **Nimm kein Geld für deine Akasha-Lesungen.**
   Das Anbieten kostenloser Lesungen in den ersten dreißig Tagen trägt der Tatsache Rechnung, dass du noch lernst und deine Lesungen möglicherweise nicht perfekt sind. Dieser Ansatz gibt dir Spielraum, um deine Fühler auszustrecken und zu wachsen, und verringert den »Leistungsdruck«. Wenn du anfängst, deine Lesungen in Rechnung zu stellen, solltest du unbedingt deine Meister, Lehrer und Angehörigen fragen, welche Vergütung angemessen ist.
3. **Kombiniere deine Lesungen nicht mit anderen Systemen oder Disziplinen.**
   Bevor du anfängst, deine Akasha-Arbeit mit anderen Systemen zu vermischen, solltest du wissen, was es mit der Chronik auf sich hat und was sie bewirkt. Andernfalls kannst du möglicherweise nicht sagen, welche Praxis zu welchem Ergebnis geführt hat. (Wie ich gern sage: »Bevor du einen Drink mixen kannst, musst du wissen, was in jeder Flasche ist.«)

Welche Art von Fragen stelle ich der Akasha-Chronik am besten?

Einer der wichtigsten Schlüssel für eine genaue und aussagekräftige Lesung ist das Wissen, welche Fragen zu stellen sind. Manche Fragen liefern viele Informationen aus der Chronik, während andere nur wenige oder gar keine Informationen hervorbringen. Oder sie liefern nicht die *Art* von Informationen, nach denen du suchst. Bevor du also anfängst, deine Fragen zu formulieren, solltest du die folgenden drei Richtlinien beachten.

1. **Vermeide Fragen, die mit *Wann* beginnen.**
   Zeit spielt in der Chronik keine Rolle, da die Aufzeichnungen unendlich sind. Sie existiert überall, gleichzeitig und immer im Hier und Jetzt. Daher sind eure Akasha-Meister, Lehrer und Angehörigen nicht an die Parameter des irdischen Raums und der irdischen Zeit gebunden. Wenn du ihnen also eine vorhersagende Frage dazu stellst, *wann* etwas passieren wird, bekommst du nicht die gewünschte Antwort – und bist am Ende vielleicht sogar frustriert, wie das Beispiel der folgenden Frage zeigt, die von der fiktiven »Mary Margaret« gestellt wird.

   Mary Margaret: *Meister, Lehrer und Angehörige, wann finde ich die Liebe meines Lebens?*

   Natürlich sollte die Antwort, die Mary Margaret möchte und erwartet, etwas Messbares und Definitives enthalten wie: »Du wirst die Liebe deines Lebens innerhalb der nächsten drei Monate finden.« Doch weil die Meister, Lehrer und Angehörigen nicht in der irdischen Zeit agieren, geben sie ihr nichts Messbares und Definitives als Antwort. Vielmehr antworten sie vielleicht so:

   MLA: *Mary Margaret, du wirst die Liebe deines Lebens finden, nachdem du deinem Ex-Mann verziehen und ihn ein für alle Mal freigegeben hast. Auf dem Papier seid ihr jetzt seit drei Jahren geschieden, und dein Ex-Mann ist weggezogen und hat jemand anderen gefunden. Im Kopf und im Herzen bist du aber nicht weitergekommen. Mit deiner Wut und deinem Groll hältst du immer noch an dieser Beziehung fest, und das hält dich zurück. Bitte verzeihe allen Betroffenen und lass es hinter dir. Je eher du das tun kannst, desto eher wirst du frei sein und desto eher kannst du eine neue Liebe finden und eine Beziehung, die dich nährt und erfüllt.*

Aber mit dieser Antwort ist Mary Margaret überhaupt nicht zufrieden!

Mary Margaret: *Was? Nein!!! Das ist nicht die Antwort, um die ich gebeten habe! Das will ich nicht hören! Ich habe nicht nach mir gefragt. Ich habe nach der Liebe meines Lebens gefragt und wann ich sie finde …*

Du verstehst schon: Zeitbezogene, prädiktive Fragen funktionieren in der Akasha-Chronik nicht gut, besonders wenn es mehr als ein Leben dauern könnte, das fragliche Problem zu lösen!

2. **Vermeide Fragen, auf die mit Ja oder Nein geantwortet werden muss.**
   Fragen, die eine Ja-oder-nein-Antwort erfordern, funktionieren in der Chronik auch nicht gut, weil das Ergebnis letztendlich das ist, was du willst. Es wird durch deine Entscheidungen und Lebensumstände bestimmt. Hier ein weiteres Beispiel, diesmal mit dem fiktiven »Thomas«.

Thomas: *Mir wurde diese Woche ein neuer Job angeboten. Soll ich ihn annehmen?*

Thomas erwartet nun eine einfache Einwortantwort: ja oder nein. Die Meister, Lehrer und Angehörigen haben jedoch eine andere

Antwort im Sinn. Sie basiert auf ihrem Wissen, dass die Entscheidung *bei Thomas* liegen muss und *nicht bei ihnen*, damit er wirklich zufrieden ist. Thomas muss nach innen schauen, um festzustellen, wer er ist und welche Art von Arbeit er mag und am besten kann. Dann muss er die Vor- und Nachteile sowohl seiner aktuellen Tätigkeit als auch der neuen Perspektive abwägen. Als Nächstes muss er entscheiden, welcher Job am besten zu seinen Zielen und Bedürfnissen passt. Nach sorgfältiger Abwägung all dieser Faktoren wird Thomas schließlich seine Antwort haben – und an diesem Punkt wird er keine Hilfe von außen brauchen, um zu wissen, was zu tun ist. Anstatt also *ja* oder *nein* von seinen Meistern, Lehrern und Angehörigen zu hören, hört Thomas vielleicht so etwas:

MLA: *Also … Warum ziehst du diesen Job überhaupt in Erwägung, und was könnte passieren, wenn du ihn annimmst? Lass uns die Möglichkeiten des neuen Jobs für eine Weile erkunden und sie dann gegen die Gegebenheiten deines aktuellen Jobs abwägen. Zunächst zu dem Job, der dir angeboten wurde: Welche Vorteile hätte es, wenn du ihn annehmen würdest? Was wären einige der Nachteile? Wie passen die Stellenanforderungen zu deinen aktuellen Fähigkeiten und Interessen? Entsprechen sie deinen aktuellen Bedürfnissen? Unterstützen sie deine künftigen Ziele? Schauen wir uns nun deinen aktuellen Job an …*

Das sind viel mehr Worte als *ja* oder *nein*. Aber auch hier wird wieder klar: Ja-oder-nein-Fragen funktionieren in den Aufzeichnungen nicht gut. Sie schmälern die Macht der Menschen, indem sie den Entscheidungsprozess – und letztlich das Ergebnis – in die Hände anderer legen. Aber die Akasha-Chronik *gibt* den Menschen Macht, indem sie ihnen hilft, eine Situation zu untersuchen, zu erkennen, was wahr ist, und dann selbst zu entscheiden, was sich richtig anfühlt. Mit anderen Worten, es gibt kein *Sollte* in der Chronik. Deine Meister, Lehrer und Angehörigen erweitern deine Perspektive und helfen dir, deine Optionen abzuwägen, aber sie treffen deine Entscheidungen nicht für dich und sagen dir auch nicht, was du tun solltest. Immer lassen sie die Verantwortung dort, wo sie hingehört: bei dir.

Als Menschen auf diesem Planeten stehen wir vor der Herausforderung, so viel wie möglich im gegenwärtigen Moment zu leben. Wenn wir uns auf einen Punkt in der Zukunft konzentrieren oder uns von jemand anderem sagen lassen, wie es laufen soll, sind wir weder in einem bestimmten Moment präsent noch für uns selbst verantwortlich. Aber wenn wir uns die Sichtweise der Meister, Lehrer und Angehörigen aneignen, helfen sie uns, die Person zu sein, die wir in jedem gegebenen Moment sein müssen. Wahrheit, Informationen und Unterstützung bereitzustellen ist die Aufgabe der Akasha-Chronik. Und wenn du wirklich eine zeitbezogene Antwort brauchst, gibt es Orakel wie Hellseher, Kartenleser und Astrologen, die helfen können. Und wenn du eine Ja-oder-nein-Antwort brauchst, funktioniert ein Pendel besonders gut.

3. **Stelle Fragen, die mit *was, warum* oder *wie* beginnen.**
Die Fragen, die in der Chronik am besten funktionieren, beginnen normalerweise mit *was, warum* oder *wie*. Anstatt zum Beispiel zu fragen: »Wann erscheint mein Seelenverwandter?« oder »Soll ich bei meinem Partner bleiben?«, kannst du es mit einer oder mehreren der folgenden Fragen versuchen:

- Warum sind mein Partner und ich zusammen?
- Was sollen wir lernen?
- Was sind die Vor- und/oder Nachteile unseres Zusammenseins zu dieser Zeit?
- Unsere Beziehung ist angespannt/zerbrochen/irreparabel. Was hat dazu geführt?
- Was übersehe ich, und warum übersehe ich es?
- Wie kann ich meine Sichtweise ändern und erkennen, was ich erkennen muss?

- Was kann ich jetzt tun, um Frieden, Vergebung und Heilung zu finden?

Womit sollte ich rechnen, wenn ich meine Akasha-Chronik zum ersten Mal öffne?

Keine zwei Personen machen die gleiche Erfahrung, wenn sie ihre Chronik zum ersten Mal öffnen. Es ist also am besten, mit so wenig Erwartungen wie möglich in deine Erfahrung zu gehen. Nachdem dies gesagt ist, will ich dir ein paar Dinge erzählen, mit denen du rechnen *kannst*!

Was als Erstes passieren wird, wenn du auf deine Chronik zugreifst, ist, dass du beim Sprechen des Eröffnungsgebets aus deinem gewöhnlichen menschlichen Bewusstsein in das göttliche universelle Bewusstsein wechselst. Wenn du deine Chronik zum ersten Mal öffnst, spürst du diese Veränderung vielleicht in irgendeiner Weise oder auch nicht. Du kannst jedoch sicher sein, dass sie stattgefunden hat, wenn du mit dem Gebet fertig bist. Wie ich im Vorwort geschrieben habe, ist diese Veränderung nicht spektakulär, und es gibt in Zusammenhang damit auch keine eigenartigen oder wundersame Phänomene: kein Reden in seltsamen Stimmen, kein Verdrehen der Augen nach innen, kein Wesen, das hereinkommt und Besitz von dir ergreift, kein Zurücklassen deiner selbst im Verlauf des Prozesses. Nur du wirst da sein, wie du immer bist, und du wirst so sprechen wie immer. Der einzige Unterschied besteht in dem, *was* du sagst, denn du bekommst Informationen aus dem Akasha-Feld, einer anderen energetischen Dimension.

An diesem Punkt fragst du dich vielleicht, ob irgendwelche »negativen« Energien oder »dunkle« Instanzen in dein Bewusstsein eindringen oder sich an dich binden können, während du in der Akasha-Chronik bist. Meine Antwort lautet *Nein* – eindeutig und unmissverständlich Nein. Wie du verstehen wirst, wenn ich das Gebet erkläre, rufst du *ausschließlich* die Kräfte des Lichts an und lädst *ausschließlich* den Heiligen Geist Gottes ein. Es ist also die Macht dieses göttlichen Lichts und des Heiligen Geistes, die dich unterstützen und vor allem beschützen wird, was nicht vollkommen vom Licht stammt. Wirst du das Licht spüren? Vielleicht – vielleicht auch nicht. Aber sei noch einmal versichert, dass du fest in seiner beschleunigten und verfeinerten Frequenz gehalten wirst und absolut nichts zu befürchten hast.

Welche Art von Informationen erhalte ich, und wie erhalte ich sie?

Wenn Menschen auf die Akasha-Chronik zugreifen, bekommen sie Informationen aller Art. Doch eine wichtige Sache ist immer gleich: Die Information ist immer erbaulich für die Person, die gelesen wird. Im letzten Abschnitt habe ich erklärt, welche Art von Antworten du nicht aus der Chronik bekommst. Ich möchte hier Folgendes ergänzen: Du erhältst auch keine Informationen, die sich über dich lustig machen, dich abwerten oder in irgendeiner Weise verurteilen. Wenn du anfängst, ein Urteil herauszuhören, während du in der Chronik bist, stammt es von dir selbst. Bitte die Meister, Lehrer und Angehörigen dann, dir die wahre Essenz deiner Seele als ein göttliches Geistwesen zu zeigen.

Wenn es darum geht, *wie* du Informationen bekommst, stellst du möglicherweise fest, dass du nach dem ersten Öffnen deiner Chronik Informationen nur auf eine Art erhältst. Es könnte zum Beispiel sein, dass du nur Farben siehst oder Wörter hörst. Doch nachdem du einige Male in der Chronik warst, wird deine Fähigkeit zunehmen, stabil im Licht zu bleiben, und du kannst Informationen auf eine der folgenden Arten erhalten:

- **Vielleicht »hörst« du Informationen in deinem Kopf.** Dies können Wörter, Sätze oder eine längere Erzählung sein (einer meiner Schüler nennt das »Audio-Streaming«). Manchmal fragen Leute, wie die Meister, Lehrer und Angehörigen »klingen«. Wie man zu erwarten hat, »klingen« sie von einer Lesung zur nächsten sehr unterschiedlich – in der Tat so einzigartig wie die Person, die gelesen wird. Demnach ist ihr Ton manchmal förmlich und manchmal eher lässig. Manchmal ist er ernst, manchmal humorvoll. Manchmal sprechen sie in Metaphern, manchmal sehr sachlich. Und manchmal verwenden sie die sokratische Methode: Sie beantworten deine Fragen mit noch mehr Fragen, bis du selbst auf eine Antwort kommst. Sie sind aber immer mitfühlend. Sie dienen mit objektiver Urteilslosigkeit und erleichtern gleichzeitig das Wachstum und die Heilung deiner Seele.

- **Vielleicht »siehst« du Dinge vor deinem geistigen Auge.** Du siehst vielleicht Farben, die Aura oder Energiefelder, Bilder, Symbole oder Formen oder das »Streaming-Video« eines bestimmten Ereignisses.
- **Vielleicht erlebst du verschiedene emotionale oder physische Empfindungen,** beispielsweise Kribbeln, Aufregung, Hitze oder Kälte. Wenn du ein unangenehmes Gefühl hast, erkenne es einfach als das an, was es ist. Wisse, dass es dir nicht schaden oder dich beeinträchtigen kann, und es wird auch nicht bleiben. Danke den Meistern, Lehrern und Angehörigen dafür, dass sie dir Informationen auf diese Weise gegeben haben. Lass sie wissen, dass du die Nachricht erhalten hast, und bitte sie, die Empfindung zu beenden.

Mittlerweile hast du einen guten Überblick über Richtlinien und Grundregeln zum Öffnen der Akasha-Chronik und weißt einiges darüber, wie du Informationen daraus erhalten kannst. Das kommende Kapitel 3 enthält eine gründliche Erklärung des Pathway-Gebetsprozesses für den Zugang zum Herzen der Akasha-Chronik. Hier bekommst du auch weitere Informationen darüber, was dich erwartet, wenn du deine Chronik zum ersten Mal öffnest. Doch bevor du mit dem Lesen dieses Kapitels beginnst, nimm dir bitte einen Moment Zeit, um über das bisher Gelesene nachzudenken und zu entscheiden, ob diese Arbeit etwas für dich ist.

Wenn du zu dem Schluss kommst, dass die Arbeit in der Chronik niemals das Richtige für dich sein wird, gib dieses Buch bitte an jemand anderen weiter, der die Chronik erkunden möchte. Wenn du eines Tages in der Chronik arbeiten möchtest, aber das Gefühl hast, dass dies nicht der richtige Zeitpunkt ist, lege das Buch so lange beiseite, bis du bereit bist, noch einmal von vorn anzufangen. Wenn du dich jetzt bereit fühlst, in der Chronik zu arbeiten, lade ich dich ein, mit offenem Herzen und offenem Geist weiterzulesen. Wie gesagt, die Arbeit in der Chronik ist eine ganz persönliche Entscheidung. Nur du weißt, welche Praktiken dein spirituelles Wachstum und deine spirituelle Autorität am besten unterstützen und wann du dazu bereit bist. Die Herren der Chronik haben vollkommenes Verständnis dafür und respektieren deine Entscheidungen.

3

Der Pathway-Gebetsprozess

Der Pathway-Gebetsprozess als Zugang zum Herzen der Akasha-Chronik ist ein Verfahren, das dir eine bewusste Beziehung zur Akasha-Chronik ermöglicht, um dein spirituelles Bewusstsein zu entwickeln. Wie der Name vermuten lässt, handelt es sich hier um einen Schwingungspfad, der von den Worten und Klängen des Gebets gebahnt wird. Dieses Pathway-Gebet ist eine energetische Brücke, ein direkter Zugang zum Herzen der Akasha-Chronik.

Während du das Eröffnungsgebet sprichst, bauen die energetischen Schwingungen aus dem Klang seiner speziellen Worte und Sätze eine Lichtbrücke, die dich sicher aus deinem gewöhnlichen menschlichen Bewusstsein in das göttlich-universelle Bewusstsein hinüberwechseln lassen. Wenn du später das Schlussgebet sprichst, verschiebt sich dein Bewusstsein wieder ganz in »dein altes Selbst«.

Seitdem ich das Pathway-Gebet aus meiner Akasha-Chronik erhielt, hatte ich keine Angst mehr. Ich hatte keine Angst, das Gebet oder den Pathway-Gebetsprozess alleine oder mit meinen Akasha-Schülern zu erkunden oder an mir und ihnen auszuprobieren. Ich fühlte und fühle mich immer zutiefst verpflichtet, alle spirituelle Ressourcen, die mir, meinen Schülern und meinen Klienten gutgetan haben, mit anderen zu teilen. Ich glaube, dass das Pathway-Gebet zu mir kam, weil ich bereit bin, es so weit wie in die Welt zu tragen und zu sehen, was sich Gutes daraus ergibt. Ich weiß, dass mich mein persönliches Wesen aus Neugier, Bereitschaft und dem Wunsch zu dienen zu einer wahrscheinlichen Kandidatin machte. Ich weiß allerdings auch, dass das Gebet jemand anderem gegeben worden wäre, wenn ich die Chance nicht ergriffen hätte: Jetzt ist in der Entwicklung der Menschheit die Zeit gekommen, in der sich das universelle Herz öffnet und die universelle Seele die Führung übernimmt – durch das offene Herz jeder einzelnen Person auf dem Planeten zur Vereinigung und Erhebung des Ganzen.

Wenn du das Pathway-Gebet liest, wirst du merken, dass seine Sprache traditionell christlich ist. Da dies für manche Menschen ein sensibles Thema sein könnte, möchte ich mir die Zeit nehmen, um die Worte und ihren Kontext zu erklären. Das Gebet erreichte mich im Mittleren Westen der Vereinigten Staaten, in der westlichen Hemisphäre der Welt. Die Worte spiegeln die Sprache und Auffassung wider, die dieser Gegend am meisten vertraut ist, um das Gebet der allgemeinen Bevölkerung so zugänglich wie möglich zu machen. *Gott* ist in diesem Teil der Welt ein gebräuchliches Identifikationswort für die göttliche Gegenwart. Und wenn ich den Begriff *Heiliger Geist* verwende, beziehe ich mich auf den Geist Gottes und nicht auf irgendeine individualisierte Persönlichkeit oder Personifikation der Gotteskraft.

Weiter unten findest du eine kommentierte Version des Pathway-Gebets, die du verwenden kannst, um auf deine eigene Chronik zuzugreifen und sie zu lesen. Die Anmerkungen erklären nicht nur die Bedeutung des Gebets, sondern auch, was passiert, wenn du jede einzelne Zeile sprichst. Auf Seite 81 f. findest du eine Version dieses Gebets ohne Anmerkungen. Das ist die Version, die du mit einem Lesezeichen versehen und in Zukunft zum Öffnen deiner eigenen Chronik verwenden kannst. Im Moment ist es aber wohl am besten, zunächst die kommentierte Version zu lesen, damit du dich für das Lesen deiner eigenen Chronik mit dem Prozess vertraut machen kannst. (Im nächsten Kapitel schauen wir uns das Gebet an, das du verwenden wirst, um Akasha-Lesungen für andere durchzuführen. Die Gebete unterscheiden sich nur geringfügig voneinander.)

Sobald du das Gebet gelesen und verstanden hast, kannst du deine Chronik zum ersten Mal öffnen. Zu diesem Zeitpunkt wirst du keine Fragen stellen, sondern einfach ein paar Minuten lang in der Energie sitzen, dich an das Gefühl gewöhnen und beobachten. Nachdem du deine Chronik wieder geschlossen hast, führe ich dich durch eine Übung, bei der du deine Chronik noch einmal öffnest und eine Frage stellst.

♦

Den Pathway-Gebetsprozess verstehen. Eine Lesung für dich selbst

Der Pathway-Gebetsprozess für den Zugang zum Herzen der Akasha-Chronik

Eröffnungsgebet

Wenn du für dich selbst liest, sprichst du diesen Teil laut:

1. Und so erkennen wir die Kräfte des Lichts an
2. und bitten um Beratung, Anleitung sowie den Mut, die Wahrheit zu erkennen,
3. denn sie wird zu unserem höchsten Wohle und dem höchsten Wohle von
4. allen, die mit uns verbunden sind, offenbart.

In der ersten Zeile des Gebets rufen sowohl dein *endliches Wesen* (die Person, die du in diesem Leben bist) als auch dein *unendliches Wesen* (deine ewige Seele) die höheren Reiche des Lichtes an und richten sich nach ihnen aus. Dabei stellst du über eine vertikale Lichtsäule eine Verbindung zur Akasha-Chronik her. Diese Verbindung beginnt etwa 45 Zentimeter über deinem Scheitel, in deinem achten Chakra. Dieses Chakra, auch als Seelenchakra bekannt, ist die Schnittstelle zwischen der seelischen und der physischen Ebene. Während das Licht durch dein achtes Chakra geht und zu deinem siebten hinabsteigt, wird es allmählich dichter und gewinnt an Form. Wenn das Licht dein siebtes Chakra erreicht, ist seine Schwingung dicht genug, dass du es als die einzigartige Schwingungschronik deiner individuellen Seele erkennen kannst.

In den Zeilen zwei bis vier bittest du um drei Dinge: Beratung, Anleitung und den Mut, furchtlos und bereitwillig die Wahrheit zu empfangen (keine Vorhersagen), so gut du kannst, und zum höchsten Wohle aller.

5. O Heiliger Geist Gottes,
6. beschütze mich vor allen Formen der Selbstzentriertheit
7. und lenke meine Aufmerksamkeit auf die Arbeit daran.

Angst, Selbstgefälligkeit und Selbstsucht (Suche nach Bestätigung, um ein wild um sich schlagendes Selbst zu stärken) sind die größten Störer, wenn du in der Chronik bist. Sie magnetisieren alle möglichen Ablenkungen und verringern deine Fähigkeit, im Licht zu bleiben und Informationen zu empfangen. Wenn du die Zeilen 5 bis 7 sprichst, hilft dir der Heilige Geist, deine Aufmerksamkeit von dir selbst und deiner Leistung abzuziehen und dich auf das Lesen zu konzentrieren. Sich nicht von persönlichen Sorgen ablenken zu lassen wird tatsächlich zu dem Schutz, von dem in Zeile 6 die Rede ist, denn wenn du dich angemessen konzentrierst, solange du in der Chronik bist, können dich äußere Einflüsse nicht ablenken. Du bist immun gegen alles, was nicht aus Licht ist, solange du im Modus des Dienens für die Person bleibst, deren Chronik du gerade liest. (Im Moment liest du für sich selbst, in Zukunft vielleicht für jemand anderen.)

Wenn du dich ganz auf das Lesen konzentrierst, bleibst du auch in der Gegenwart geerdet. Das hält dich stabil in der Lichtsäule und sorgt dafür, dass die Informationen fließen.

8. Hilf mir, mich selbst im Licht der Akasha-Chronik zu erkennen,
9. mich mit den Augen der Herren der Chronik zu sehen,
10. und befähige mich, die Weisheit und das Mitgefühl zu teilen, die meine Meister, Lehrer
11. und Angehörigen für mich haben.

Wenn du die Zeilen 8 bis 11 laut aufsagst, bittest du den Heiligen Geist, dir zu helfen, dich selbst so zu sehen, wie du in der Akasha-Chronik gesehen, erkannt und geliebt wirst. Du verwendest die Worte *ich* und *mich*, weil du dich auf dich selbst als das beziehst, was du jeden Tag in der physischen Dimension bist.

Du solltest eine klare Vorstellung davon haben, mit wem du es zu tun hast, wenn du durch die Chronik navigierst. Dies ist in unserem Prozess ein guter Zeitpunkt, um zu untersuchen, wer die Herren der Chronik, die Meister, Lehrer und Angehörigen sind, welche Rolle sie in der Akasha-Chronik jeweils spielen und wofür sie verantwortlich sind.

Die Herren der Chronik

Die Herren der Chronik sind eine Gruppe von Lichtwesen, die eher auf der universellen Ebene arbeiten als mit individuellen Seelen. Lichtwesen sind nicht physische Wesen, die auf allen Ebenen des Bewusstseins beteiligt sind. Sie beleben jeden Winkel unseres Universums und bringen eine höhere Lichtqualität hervor. Im Laufe der Zeit führt diese höhere Lichtqualität zu einer verbesserten Lebensqualität für alle Menschen. Sie bietet auch eine größere Wirkungsfähigkeit, die höheren Wahrheiten über sich selbst und andere zu verstehen.

Die Herren der Chronik sind verantwortlich dafür, die Integrität und Unbestechlichkeit der Akasha-Chronik aufrechtzuerhalten. Daher entscheiden sie, wer auf die Chronik zugreifen darf und wer nicht. Sie entscheiden auch, welche Informationen während einer bestimmten Lesung preisgegeben werden. Sobald sie diese Entscheidung getroffen haben, geben sie die Informationen an die Meister, Lehrer und Angehörigen der Seele weiter, die Führung sucht. Manchmal halten sie Informationen auch zurück, wenn es nicht von Vorteil wäre oder das Timing nicht stimmt. Deshalb bekommen wir manchmal keine Antworten, wenn wir bestimmte Fragen stellen. (Wenn du in diesem Buch so weit gekommen bist, haben die Herren der Chronik bestimmt, dass für dich jetzt die Zeit gekommen ist, auf die Akasha-Chronik zuzugreifen.)

Die Meister

Auch die Meister sind eine Gruppe von Lichtwesen. Wie die Herren der Chronik hatten sie nie einen physischen Körper. Aber im Gegensatz zu den Herren, die auf der universellen Ebene arbeiten, arbeiten sie mit einzelnen Seelen. Deine dir bestimmten Meister sind seit Anbeginn deiner Seele bei dir und für das kontinuierliche Wachstum und die Entwicklung deiner Seele verantwortlich. Mit anderen Worten: Sie sind dafür verantwortlich, dich auf deinen Pfad zu bringen und dort zu halten. Ganz am Anfang hast du zusammen mit deinen Meistern den Plan für deine Seele im Laufe der Zeit gemacht: »Meine Seele wird diese spezifischen Lektionen lernen, wenn sie sich ihrer selbst als göttlich bewusst wird.« Je nachdem, welche Lektionen deine Seele gewählt hat, appellieren deine Meister an bestimmte Lehrer und Angehörige, die dich darin unterstützen, diese Lektionen in verschiedenen Situationen und Lebensphasen zu lernen. Abhängig von der Lektion, an der du gerade arbeitest, werden deine Meister beim Öffnen deiner Chronik genau die Lehrer und Angehörigen anrufen, die dir am besten helfen können. Und genau wie du mehr als einen Meister haben kannst, kann ein Meister mehr als eine Seele haben, für die er zuständig ist.

Die Lehrer

Die Lehrer können vorher in einem physischen Körper oder auch nicht gewesen sein. Anders als deine Meister begleiten deine Lehrer nicht während der gesamten Existenz deine Seele. Sie agieren vielmehr lektionsspezifisch: Jeder bleibt nur so lange bei dir, bis du eine bestimmte Lektion erlernt und das Bewusstsein dieses Lehrers integriert hast. Das kann eine bestimmte Zeit in einem einzelnen Leben sein oder eine Zeitspanne in mehreren Inkarnationen. Sobald du die Lektion gelernt und das Bewusstsein dieses Lehrers oder dieser Lehrer integriert hast, zieht er oder ziehen sie weiter, um mit anderen Seelen zu arbeiten.

Wenn deine Lehrer jemals eine physische Form hatten, haben sie vielleicht als »gewöhnliche Leute« auf der Erde gelebt. Oder sie waren »ganz Große« wie Jesus oder Buddha oder Mutter Teresa. In jedem Fall ziehen es deine Akasha-Lehrer vor, unidentifiziert zu bleiben, weil sie deine Abhängigkeit von ihnen – oder ihrer irdischen Identität – nicht fördern wollen. Wie du gleich lesen wirst, gilt dies auch für die Angehörigen. Da die Akasha-Chronik ein Weg zu spiritueller und emotionaler Reife sein soll, besteht die Aufgabe deiner Meister, Lehrer und Angehörigen darin, dir zu helfen, eher Vertrauen in die *göttliche Essenz und Energie* der Chronik zu entwickeln, statt in ein bestimmtes Wesen oder eine bestimmte Identität.

Die Angehörigen

Die Angehörigen sind dir aus deinem Leben bekannte Menschen, die aber verstorben sind. Obwohl sie sich dem Wachstum und der Entwicklung deiner Seele verschrieben haben, sind deine Angehörigen

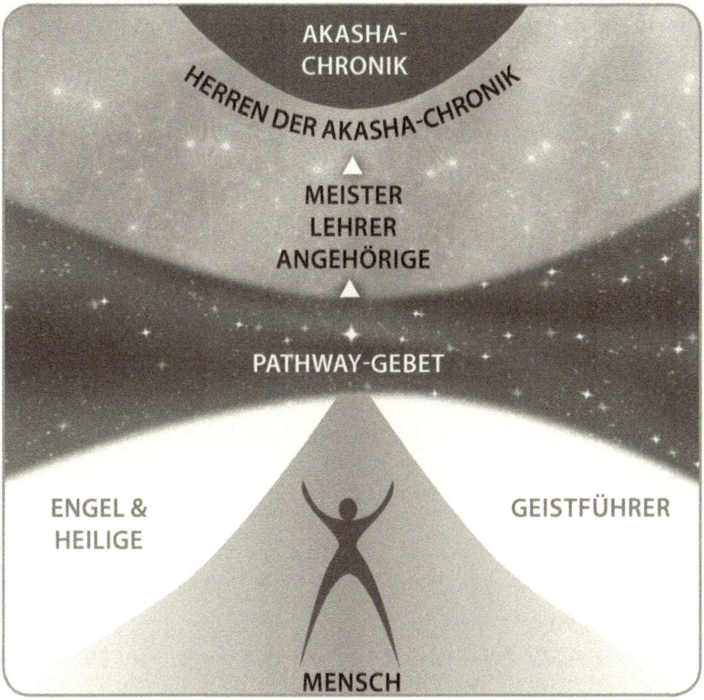

nicht unbedingt auf einer emotionalen Ebene mit dir verbunden. Es könnten auch entfernte Verwandte oder Bekannte gewesen sein, die dich zu Lebzeiten aus der Ferne beobachtet und nach ihrem Tod entschieden haben, dich aktiv zu unterstützen und dir behilflich zu sein. Wie deine Lehrer ziehen auch deine Angehörigen es vor, nicht identifiziert zu werden, denn du sollst nicht von ihnen als den Persönlichkeiten abhängig werden, die du in diesem Leben gekannt hast. Sie *werden* sich jedoch während einer Lesung offenbaren, wenn sie das Gefühl haben, dass es dir in diesem Moment dient, von ihrer Anwesenheit zu wissen. Doch selbst wenn sie auf dich zukommen, führen sie die Lesung niemals durch. Es ist eher so, dass sie nach vorn kommen, um Hallo zu sagen, und dann wieder zurücktreten.

Jeder Mensch hat seine Akasha-Angehörigen – sogar Seelen, deren irdischer Körper bei der Geburt gestorben ist oder nur sehr kurze Zeit gelebt hat. In solchen Fällen übernehmen Verstorbene aus der Ahnenlinie dieser Seele, beispielsweise Großmutter oder Großvater, die Rolle des Angehörigen für diese Person.

Nun, da wir wissen, wer uns in der Chronik begegnen wird, kehren wir zu dem Gebet zurück.

Lies diesen Teil still für dich:

12. Hilf mir, *(dein aktueller offizieller Name)* im Licht der Akasha-Chronik zu erkennen,
13. *(dein aktueller offizieller Name)* mit den Augen der Herren der Chronik zu sehen,
14. und befähige mich, die Weisheit und das Mitgefühl zu teilen, die die Meister, Lehrer
15. und die Angehörigen von *(dein aktueller offizieller Name)* für *(ihn* oder *sie)* haben.
16. Hilf mir, *(dein aktueller offizieller Name)* im Licht der Akasha-Chronik zu erkennen,
17. *(dein aktueller offizieller Name)* mit den Augen der Herren der Chronik zu sehen,

18. und befähige mich, die Weisheit und das Mitgefühl zu teilen, die die Meister, Lehrer
19. und die Angehörigen von *(dein aktueller offizieller Name)* für *(ihn oder sie)* haben.

Während du die Zeilen 12 bis 19 still für dich liest, wirst du in einen erweiterten Bewusstseinszustand versetzt. Dieser Zustand ist in der physischen Dimension verankert, dennoch kannst die subtileren Eindrücke und Schwingungen der Akasha-Chronik-Dimension registrieren. Gleichzeitig passiert Folgendes:

- Die Schwingung deines aktuellen offiziellen Namens ruft die Aufzeichnungen deiner Seele ab, die von den Herren der Chronik vorgelegt und deinen Meistern, Lehrern und Angehörigen übergeben werden. Diese wiederum laden die spezifischen Informationen herunter, die du für diese spezielle Lesung brauchst.
- Energie aus dem Herzen der Akasha-Chronik bewegt sich nach unten durch dein Kronenchakra und verzeichnet ihre Schwingung tief hinter deinem Herzzentrum. Dein Herzzentrum ist deine »Andockstelle« für die Informationen, die du aus der Chronik erhältst. Wenn diese energetische Verankerung abgeschlossen ist, wird auch die Veränderung in deinem Bewusstsein abgeschlossen sein.

In den Zeilen 15 und 19 verwendest du das Wort *ihn* oder *sie* statt *mich*, denn du bittest um Informationen über die Person, die du in diesem Leben bist, *sowie* um die Informationen aller Identitäten, die deine Seele während ihrer gesamten Existenz verkörperte. Für die Dauer der Lesung gibt es also einen kleinen Unterschied zwischen deinem endlichen Wesen als Leser/Beobachter und der unendlichen Seele, deren Chronik gerade gelesen wird.

Verkünde die Öffnung der Chronik, indem du diesen Teil laut aussprichst:
20. Die Chronik ist jetzt geöffnet.

Deine Bewusstseinsveränderung ist vollständig abgeschlossen. Du hast jetzt Zugang zu deiner Akasha-Chronik und deinen Meistern, Lehrern und Angehörigen.

Schlussgebet

Wenn du bereit bist, deine Lesung in der Chronik zu beenden, sprich diesen Teil laut:

21. Ich möchte den Meistern, Lehrern und Angehörigen danken
22. für ihre Liebe und ihr Mitgefühl.
23. Ich möchte den Herren der Akasha-Chronik danken für ihre Sichtweise.
24. Und ich möchte dem Heiligen Geist des Lichts danken für alle Erkenntnisse und die Heilung.
25. Die Chronik ist nun geschlossen. Amen.
26. Die Chronik ist nun geschlossen. Amen.
27. Die Chronik ist nun geschlossen. Amen.

Zugang zur Akasha-Chronik zu erhalten ist sowohl eine Ehre als auch ein Privileg und sollte nicht auf die leichte Schulter genommen werden. Natürlich wirst du allen Lichtwesen deine Dankbarkeit zeigen wollen, die deine Erfahrung ermöglicht haben.

Genau wie es einige Zeit gedauert hat, aus deinem gewöhnlichen Bewusstseinszustand herauszukommen, braucht es einige Zeit, um wieder zurückzuwechseln. Dieser Wechsel oder Übergang ist eine Art Reise, und jede Reise hat einen Anfang, eine Mitte und ein Ende. Das Sprechen von Zeile 25 signalisiert den Beginn dieses Übergangs, das Sprechen von Zeile 26 die Mitte und das Sprechen von Zeile 27 das Ende.

Wenn du die Chronik geschlossen hast, vergiss nicht, dich auf die Weise zu erden, die für dich am besten funktioniert. (Ein paar Beispiele findest du auf Seite 57 f.) Wie ich bereits erwähnt habe, findest du dieses Gebet auf Seite 81 f. noch einmal, damit du es einsetzen kannst, um deine eigene Chronik zu öffnen und zu schließen.

Der Pathway-Gebetsprozess für den Zugang zum Herzen der Akasha-Chronik, wenn du für dich selbst liest

Eröffnungsgebet

Wenn du für dich selbst liest, sprichst du diesen Teil laut:
Und so erkennen wir die Kräfte des Lichts an
und bitten um Beratung, Anleitung sowie den Mut, die Wahrheit zu erkennen,
denn sie wird zu unserem höchsten Wohle und dem höchsten Wohle von
allen, die mit uns verbunden sind, offenbart.

O Heiliger Geist Gottes,
beschütze mich vor allen Formen der Selbstzentriertheit,
und lenke meine Aufmerksamkeit auf die Arbeit daran.

Hilf mir, mich selbst im Licht der Akasha-Chronik zu erkennen,
mich mit den Augen der Herren der Chronik zu sehen,
und befähige mich, die Weisheit und das Mitgefühl zu teilen, die meine Meister, Lehrer
und Angehörigen für mich haben.

Lies diesen Teil still für dich:
Hilf mir, *(dein aktueller offizieller Name)* im Licht der Akasha-Chronik zu erkennen,
(dein aktueller offizieller Name) mit den Augen der Herren der Chronik zu sehen,
und befähige mich, die Weisheit und das Mitgefühl zu teilen, die die Meister, Lehrer und die Angehörigen von *(dein aktueller offizieller Name)* für *(ihn* oder *sie)* haben.
Hilf mir, *(dein aktueller offizieller Name)* im Licht der Akasha-Chronik zu erkennen,
(dein aktueller offizieller Name) mit den Augen der Herren der Chronik zu sehen,

und befähige mich, die Weisheit und das Mitgefühl zu teilen, die die Meister, Lehrer
und die Angehörigen von *(dein aktueller offizieller Name)* für *(ihn* oder *sie)* haben.

Verkünde die Öffnung der Chronik, indem du diesen Teil laut aussprichst:
Die Chronik ist jetzt geöffnet.

Schlussgebet

Sprich diesen Teil laut aus:
Ich möchte den Meistern, Lehrern und Angehörigen danken für ihre Liebe und ihr Mitgefühl.
Ich möchte den Herren der Akasha-Chronik danken für ihre Sichtweise.
Und ich möchte dem Heiligem Geist des Lichts danken für alle Erkenntnisse und die Heilung.

Die Chronik ist nun geschlossen. Amen.
Die Chronik ist nun geschlossen. Amen.
Die Chronik ist nun geschlossen. Amen.

♦

(Eine gekürzte Version des Pathway-Gebetsprozesses findest du im Anhang auf Seite 194 f.)

An diesem Punkt fragst du dich vielleicht, in welcher Beziehung Engel, Heilige, Geistführer und andere Lichtwesen, von denen du vielleicht gehört oder mit denen du Erfahrungen gemacht hast, zur Akasha-Chronik stehen. Akasha verkörpert das *Alles-was-ist*, die primäre Substanz, der alles entstammt. Daher existieren Lichtwesen wie Engel und Heilige auch innerhalb des Akasha. Allerdings leben sie nicht im selben Bereich wie die Akasha-Chronik und werden auch von diesem anderen Bereich unterstützt. Obwohl ihre *Energie* im

Akasha existiert, sind diese besonderen Lichtwesen nicht direkt über die Akasha-Chronik zugänglich, da sich ihre Arbeit von der Arbeit der Meister, Lehrer und Angehörigen unterscheidet.

Wie ich bereits sagte, ist es die Aufgabe der Meister, Lehrer und Angehörigen, uns dabei zu helfen, Verantwortung für unser Leben zu übernehmen. Wenn wir in der Akasha-Chronik arbeiten, *durchströmt* uns deren Kraft und Energie. Wir nehmen die erhaltenen Informationen und die Klarheit und verwenden sie, um uns um uns selbst zu kümmern. In gewisser Weise arbeiten wir also in der Chronik, um zu lernen, gute »Eltern« für uns selbst zu sein. Wenn wir auf der anderem Seite Engel, Heilige und andere Lichtwesen anrufen und sie um Hilfe und Schutz zu bitten, geben wir Macht und Verantwortung an sie ab, und sie passen auf uns auf. Wofür wir uns auch entscheiden, es ist eine Win-win-Situation, denn was unterstützt deiner Meinung nach das gesamte Reich der Engel und aller anderen Lichtwesen? Richtig: Akasha, das *Alles-was-ist*!

Engel und Heilige

Inwiefern unterscheiden sich Engel und Heilige von den Akasha-Meistern, Lehrern und Angehörigen? Die Engel haben mit den Akasha-Meistern gemein, dass beide direkt mit Einzelpersonen arbeiten. Die beiden unterscheiden sich darin, dass die Akasha-Meister keine individuellen Identitäten haben. Die Engel hingegen haben sehr spezifische Identitäten, Persönlichkeiten und Kräfte. So kann eine Person einen bestimmten Engel anrufen, etwa Michael, Raphael oder Ariel, und diesen Engel bitten, seine einzigartigen Kräfte einzusetzen, um bei einem bestimmten Anliegen zu helfen. Während jeder Mensch die Engel jederzeit um Hilfe bitten kann, haben einige Menschen, die sehr hellsichtig sind, Zugang zum Reich der Engel und können sogenannte »Vieraugengespräche« mit den Engeln führen.

Die Heiligen arbeiten ähnlich wie die Akasha-Lehrer. Während die Lehrer vielleicht einen physischen Körper hatten und in der Chronik meistens nicht identifizierbar sind, haben alle Heiligen einmal auf der Erde gelebt und spezifische Identitäten und Rollen. Genau wie Menschen die Hilfe ganz bestimmter Engel suchen, suchen sie die Hilfe ganz bestimmter Heiliger.

Die erste Lesung in deiner Akasha-Chronik

Nun, wo du den Pathway-Gebetsprozess verstanden hast, bist du bereit, deine Chronik zu öffnen. Bereite dich zunächst vor, indem du dir einen ruhigen Ort suchst, wo du sicher nicht gestört wirst. Als Nächstes zentrierst und erdest du dich. Die beste Möglichkeit, sich in Vorbereitung auf die Arbeit in der Chronik zu zentrieren und zu erden, ist die Meditation »Die Lichtsäule« (siehe Seite 35 ff.). Diese besondere Meditation wird dich in einen Zustand des inneren Gleichgewichts und in einen soliden Zustand des Gleichgewichts mit deiner Umgebung bringen.

Wenn du die Meditation beendet hast, atmest du ein paarmal tief durch und lenkst deine Aufmerksamkeit auf die anstehende Arbeit. Lies das Eröffnungsgebet auf Seite 81 ff. Stelle keine Fragen, nachdem du gesagt hast: »Die Chronik ist jetzt geöffnet.« Setze dich stattdessen einfach eine Weile hin und beobachte, was passiert. Da deine erste Erfahrung mit der Chronik ganz neu und einzigartig sein wird, solltest du nicht versuchen, sie in einer Art zu bewerten. Wisse, dass du die perfekte Erfahrung machen wirst, basierend darauf, wer du bist und was du gerade brauchst. Denke daran, dass die Herren der Chronik dich kennen und lieben, seit deine Seele geboren wurde. Vertraue daher darauf, dass sie deinen Meistern, Lehrern und Angehörigen genau gesagt haben, wie sie dich am besten in der Chronik willkommen heißen können.

Nachdem du etwa fünf bis zehn Minuten in deiner Chronik verbracht hast, liest du das Schlussgebet auf Seite 82. Vielleicht willst du dich danach wieder erden. Nimm dir anschließend ein wenig Zeit, um über deine Erfahrung nachzudenken, und/oder mach dir Notizen dazu. (Wie ich bereits erwähnt habe, erdest du dich, um dich wieder auf die physische Erde und dein tägliches Leben konzentrieren zu können und vollständig präsent für das zu sein, was um dich herum vor sich geht.)

Der Unterschied zwischen Akasha-Chronik und Intuition

Nachdem sie zum ersten Mal Zugang zu ihrer Akasha-Chronik hatten, haben Neulinge oft Fragen zum Unterschied zwischen dem Empfangen von Informationen aus der Chronik und dem Hören auf die eigene Intuition. Die üblichen Fragen sind:

- Macht es einen Unterschied, ob ich meine Chronik öffne, um Informationen zu bekommen, oder ob ich meine Intuition um Informationen bitte?
- Und *wenn* es einen Unterschied gibt, worin besteht er?
- Ist das eine besser als das andere?

Die kurze Antwort lautet: Ja, es gibt einen Unterschied. Du kannst ihn in der folgenden Übung selbst erleben.

Übung: Akasha-Chronik gegenüber Intuition

Teil 1: Auf deine Intuition zugreifen

- Denke an eine Frage, die dich in letzter Zeit oft beschäftigt hat – etwas, das in deinem Leben gerade jetzt besonders relevant und »lebendig« ist. Denke beim Formulieren deiner Frage daran, dass du eine vollständigere Antwort bekommst, wenn du eine Frage stellst, die mit *wie, was* oder *warum* beginnt, als eine Ja-oder-nein-Frage.
- Schreibe deine Frage auf ein leeres Blatt Papier und lass darunter viel Platz für eine Antwort.
- Greife jetzt auf deine Intuition zu und stelle deine Frage. (Wenn das Wort Intuition eher einschüchternd auf dich wirkt, dann nenn es anders. Stelle es dir als dein Höheres Selbst vor, deine innere Weisheit, deine innere Stimme, dein Bauchgefühl – alles, was es

dir ermöglicht, dich »einzustimmen« und eine Antwort auf deine Frage zu bekommen.) Schreibe die Antwort entweder so, wie sie zu dir kommt, oder nimm die Antwort zuerst an und schreib sie später auf.

Teil 2: Auf deine Akasha-Chronik zugreifen

- Wenn du das Gefühl hast, dass die Antwort deiner Intuition vollständig ist, blätterst du zurück zu Seite 81 und sprichst das Pathway-Gebet, um Zugang zu deiner Akasha-Chronik zu bekommen. Nachdem du »Die Chronik ist jetzt geöffnet« gesagt hast, stellst du deinen Meistern, Lehrern und Angehörigen genau dieselbe Frage, die du deiner Intuition gestellt hast. Wieder schreibst du die Antwort entweder so auf, wie du sie erhalten hast, oder du nimmst sie erst an und schreibst sie später auf.
- Wenn du mit dem Schreiben fertig bist, gehst du zurück und vergleichst beide Antworten. Sind sie fast gleich? Spürbar anders? Überrascht dich eine der beiden Antworten? Warum oder warum nicht?

Nachdem sie diese Übung im Seminar gemacht haben, erzählen meine Schüler ein paar interessante Geschichten. Manche sagen, dass sie von ihrer Intuition und aus ihrer Chronik ganz ähnliche Antworten bekommen haben. Viele von ihnen sagen jedoch, dass sie unterschiedliche Antworten bekommen haben – unterschiedlich, aber nicht widersprüchlich. Um diesen Punkt zu veranschaulichen, hier die echten Antworten, die Julie jedes Mal bekam, wenn sie ihre Frage stellte.

> Julie: *Als mein Mann Adrian mit dem Bogenschießen anfing, fand ich das ziemlich cool. Es ist ein Sport, der Konzentration, Präzision und Geschicklichkeit erfordert, und es schien etwas zu sein, in dem er gut werden würde. Nun, er wurde gut darin, und zwar sehr schnell. Doch schon bald gab er sich nicht mehr damit zufrieden, seine Pfeile nur auf Papierzielscheiben zu schießen. Er wollte auf die Jagd gehen und auf Rehe schießen. Ich war scho-*

ckiert, entsetzt und konnte es nicht glauben! Wie konnte er so schöne Geschöpfe jagen? Wer würde Bambi töten, geschweige denn braten und essen wollen? Ich war hin- und hergerissen. Ich wollte meinen Mann nicht entmutigen, aber ich hatte ganz entschieden etwas gegen seine Begeisterung für das, was ich als seine sinnlose neue Leidenschaft betrachtete.

Adrian hat dieses Wochenende seinen ersten Jagdausflug gemacht. Als er wegfuhr, gab ich mir ein besseres Gefühl, indem ich mir sagte, er sei einfach nicht geschickt genug, um gleich beim ersten Ausflug ein Reh zu erlegen – ja verdammt, wenn er gestern keins erwischt hat. Meine Frage heute war also ein Kinderspiel: Ich fühle mich so unwohl damit, dass mein Mann Rotwild jagen will. Was steckt hinter meinem Unbehagen?

Wie angewiesen, schrieb Julie ihre Frage auf. Dann bat sie ihre Intuition um eine Antwort. Die lautete wie folgt.

Julies Intuition: *Der Grund, warum du dich mit der Rotwildjagd deines Mannes so unwohl fühlst, ist, dass du niemals einen Sport daraus machen könntest, ein Tier zu töten. Du betrachtest Tiere als heilige Geschöpfe, von denen jedes seinen eigenen Platz auf diesem Planeten hat und seine eigene Aufgabe erfüllt. Wie konnte sich jemand nur stundenlang auf einem Hochsitz verstecken und darauf warten, dass ein Reh vorbeikommt, um ihm dann sofort das Leben zu nehmen? … Adrian sagt, seine Motive seien weder bösartig noch egoistisch. Er habe das Reh nur wegen seines Fleisches getötet. Und indem er dem Tier dafür dankte, dass es sein Leben gegeben hatte, versprach er, dieses Fleisch nicht zu verschwenden. Er glaubt auch, zur Kontrolle der Rotwildpopulation beizutragen, damit Hunderte von Rehen und Hirschen diesen Winter keinen Hunger leiden mussten. Aber so zulässig und gerechtfertigt all diese Gründe auch sein mögen, ein Reh mit Pfeil und Bogen zu töten ist einfach etwas, was du nicht tun würdest.*

Außerdem hast du bisher kein Wildfleisch gegessen und wirst jetzt sicher nicht damit anfangen.

Nachdem sie ihrer Intuition gedankt hatte, öffnete Julie ihre Akasha-Chronik und stellte ihren Meistern, Lehrern und Angehörigen dieselbe Frage.

Julie: *Mir ist die Rotwildjagd meines Mannes so unangenehm. Was steckt hinter meinem Unbehagen?*

Während Julie so dasaß und ihren Meistern, Lehrern und Angehörigen zuhörte, erklärten sie ihr, was vor sich ging. Entschuldige den Ausdruck, aber sie haben ins Schwarze getroffen!

Julies MLA: *Komm schon, Julie. Mach dir nichts vor. Du isst Huhn, du isst Truthahn, du isst Fisch. Du würdest jeden Tag Sushi essen, wenn du könntest. Wo, glaubst du, kommt das alles her? Und ein Teil davon wurde sehr viel weniger human getötet, als dein Mann sein Rotwild getötet hat … Bei deinem Einwand gegen die Tatsache, dass Adrian jagt, geht es nicht nur darum, dass Tiere getötet und gegessen werden. Betrachten wir dein Unbehagen aus einer anderen Perspektive – nicht in Zusammenhang mit der Jagd an sich, sondern in Zusammenhang damit, wie sich die Jagd auf eure Beziehung auswirkt. Worüber hast du dich in letzter Zeit am meisten beschwert?*

Julie antwortete still für sich, dass sie und ihr Mann nicht so viel Zeit miteinander verbracht hatten, wie ihr lieb wäre.

Julies MLA: *Ja. Du wünschst dir, dass du und dein Mann nicht immer so beschäftigt wärt und ihr öfter Zeit miteinander verbringen könntet. Und, was ist eine deiner größten Ängste in Bezug auf Adrian?*

Julie antwortete, ihre größte Angst sei, dass Adrian etwas zustößt und sie die Liebe ihres Lebens verliert.

Julies MLA: *Ja, das ist das große Problem … dass du die Liebe deines Lebens verlierst. Kannst du jetzt sehen, was hinter deinem Unbehagen steckt? Du hast das Gefühl, dass Adrians viele Hobbys und Interessen ihn dir wegnehmen und dass er jetzt noch etwas gefunden hat, worin er sich verlieren kann. Die Rotwildjagd wird ihn dir nicht nur immer wieder längere Zeit nehmen, sie könnte ihn auch in Gefahr bringen. Also befeuert dies deine Befürchtungen: Was, wenn er hat ein Autounfall hat, weil er so weit fährt? Was, wenn er vom Hochsitz fällt und sich schwer verletzt? Was, wenn ihn niemand findet und er sein Handy nicht dabeihat? Was, wenn ein anderer Jäger auf ihn schießt und ihn verletzt – oder Schlimmeres? … Siehst du es, Julie? Dein Unbehagen hat wenig mit dem Reh zu tun und viel mehr mit deiner Angst. Du möchtest deinen geliebten Adrian nicht verlieren, nicht einmal für ein Wochenende. Du willst, dass dein Mann keine Zeit getrennt von dir verschwendet, vor allem nicht mit einer »sinnlosen neuen Leidenschaft«, die seine Sicherheit gefährden könnte.*

Apropos sinnlose neue Leidenschaften: Dieser Mann unterstützt dich, Julie. Er ist in jeder Hinsicht dein größter Fan und Unterstützer. Er steht bei all deinen Interessen und Hobbys hinter dir, auch wenn er sie nicht mag. Warum ihn also nicht genauso unterstützen, wie er dich? Du musst nicht immer mit allem einverstanden sein, was er tut. Aber vermittle ihm kein schlechtes Gefühl wegen dieses neuen Interesses, denn es geht wirklich nicht so sehr um das Jagen als um das Lieben. Sprich mit deinem Mann über deine Bedenken hinsichtlich seiner Sicherheit und lass dir versprechen, dass er sein Handy immer bei sich hat – voll aufgeladen. Erkenne aber auch an, was dahintersteckt: Du liebst ihn sehr. Du liebst die Zeit, die ihr gemeinsam verbringt. Und du vermisst ihn, wenn er weg ist. Aber mittlerweile weißt du auch, dass keines eurer Hob-

bys und keines eurer Interessen jemals mit eurer Leidenschaft füreinander konkurriert. Besonders wenn ihr beide als Einzelpersonen glücklich seid, werdet ihr ein sehr glückliches Paar sein. Nach allem, was ihr beide durchgemacht habt, um zusammen zu sein, gehört ihr beide zusammen, und das ist die Wahrheit. Sei dir dessen einfach gewiss und entspanne dich.

Hier hast du sie: zwei sehr eindeutige Beispiele für die Antworten, die Julie von ihrer Intuition und aus der Chronik bekommen hat. Hast du bemerkt, dass die zweite Antwort nicht mit der ersten in Konflikt stand? Sie ging lediglich aus einer anderen Perspektive auf die Situation ein und lieferte mehr Details. Während Julies Intuition die Frage aus einem engeren und unmittelbareren Blickwinkel beantwortete, stand die Antwort, die sie aus ihrer Chronik erhielt, in einem breiteren und »historischen« Kontext. (Wäre es notwendig gewesen, hätte dieser historische Kontext auch ein anderes Leben sein können. Für diese spezielle Antwort umfasste er einige Jahrzehnte.)

Schauen wir uns die beiden Methoden einzeln an, beginnend mit der Intuition. Intuitive Information wohnt dem Selbst inne. Sie lebt im inneren göttlichen Funken. Du stellst Kontakt zu diesem Funken in dir selbst her, und die Antworten und Informationen, die du bekommst, haben etwas damit zu tun, was du in diesem bestimmten Moment erlebst oder fühlst. Da du die Dinge nur aus deinem begrenzten menschlichen Blickwinkel sehen kannst, ist das, was du empfängst, im Hier und Jetzt – in diesem Moment und in diesem Leben. Die Antworten, die du bekommst, lösen also unmittelbare Probleme oder helfen dir, »Bauchgefühle« oder Gedanken zu verstehen, die dich wie »Blitze aus heiterem Himmel« überkommen. Aber je nachdem, wie sehr du dich auf deine Intuition verlässt, können diese Antworten manchmal unklar und unberechenbar sein – oder schlichtweg nicht existent. Und wenn sie existieren, weißt du vielleicht nicht, woher sie gekommen sind. Sie werden nicht unbedingt dauerhafte Veränderungen bewirken, die auf einem höheren Wissen basieren.

Dennoch hat die Intuition einen sehr wichtigen Stellenwert. Es ist deine Intuition, die dir anordnet, hier abzubiegen, um einen Unfall oder Stau zu vermeiden. Oder es heißt: *Geh noch nicht aus dem Haus*, damit du nicht einen wichtigen Anruf verpasst. Oder manchmal hast du ein Bauchgefühl, das dir sagt: *Pass auf! Dies erfordert jetzt deine ganze Aufmerksamkeit!* Und es hilft dir, einer Person aus dem Weg zu gehen oder eine Situation zu vermeiden, die nicht zu deinem Besten ist.

Schauen wir uns nun die Chronik an. Die Akasha-Weisheit kommt von außerhalb oder jenseits des Selbst. Du zapfst das göttliche Bewusstsein an. Also sind die Antworten und Informationen, die du bekommst, aus einem Blickwinkel, der das Universum umspannt und jedes Leben abdeckt, das deine Seele je gelebt hat. Wenn du also einen intuitiven »Treffer« auf etwas erhältst, dessen Motiv möglicherweise nicht klar ist, oder alternativ, wenn du überhaupt keinen intuitiven Treffer bekommst, kannst du zur Klärung auf deine Chronik zugreifen. Dann werden deine Meister, Lehrer und Angehörigen die Informationen bereitstellen, die dir helfen, dich mit dem Thema oder der Frage zu befassen, und dir verschiedene Blickwinkel liefern. Und mit diesen neuen Informationen und Perspektiven wirst du in der Lage sein, deine Denkweise zu ändern, die Dinge effektiver zu handhaben und sie in vielen Fällen deutlich und für immer zu verändern.

Wenn du über den Unterschied zwischen Intuition und die Chronik nachdenkst, kannst du dir auch vorstellen, dass du ein Schauspieler auf einer Bühne bist. Wenn du deine Intuition nutzt, stehst du im Licht eines einzelnen, fokussierenden Scheinwerfers. Zwar wirft dieser Scheinwerfer ein Licht auf dich in deinem aktuellen Leben, aber den Rest der Bühne (also alle Lebenszeiten, die deine Seele durchlaufen hat) beleuchtet er nicht. Wenn du jedoch auf deine Akasha-Chronik zugreifst, legt der »Göttliche Regisseur« einen Schalter um und lässt das Licht auf alles um dich herum fallen. Plötzlich siehst du so viel mehr! Du siehst, wer sonst noch in einer bestimmten »Szene« (karmisches Problem) mitspielt und wie die Worte und Taten dieser Personen dich beeinflusst haben – sowohl in diesem aktuellen Leben als auch in anderen, falls zutreffend. In diesem Moment der Erleuchtung kannst du dann frei entscheiden, ob du die Szene ändern möchtest, indem du deinen Text und dein Handeln änderst.

Genau wie das Akasha-Reich Engel, Heilige und andere Lichtwesen unterstützt, die ihre eigenen Rollen und Aufgaben haben, unterstützt die Akasha-Chronik deine Intuition, die ebenfalls ihre eigene Rolle und Aufgabe hat. Nochmal anders ausgedrückt: Wenn die Akasha-Chronik ein Ozean aus Informationen wäre, wären deine intuitiven Ahnungen einzelne Wassertropfen in diesem tiefen, weiten Ozean. Sie kommen zwar aus dem Ozean und haben denselben Inhalt wie dieser, sind aber viel kleiner und viel weniger umfangreich.

Häufige Fragen und Bedenken zur Akasha-Chronik

Wenn Menschen anfangen, mit der Akasha-Chronik zu arbeiten, zweifeln sie manchmal an sich selbst und an dem Prozess. »Kann es wirklich so einfach sein?«, fragen sie. »Wie kann ich sicher sein, dass ich in der Chronik bin? Habe ich überhaupt ein Recht, in der Chronik zu sein? Bin ich würdig genug? Begabt genug? Intuitiv genug? Stammen die Informationen, die ich bekomme, wirklich von den Meistern, Lehrern und Angehörigen … oder erfinde ich das nur?« Schauen wir uns einige dieser Fragen genauer an.

Kann es wirklich so einfach sein?

Zunächst einmal: ja. Dein Teil des Prozesses – das Pathway-Gebet ganz bewusst und mit voller Absicht zu sagen – ist wirklich so einfach. Aber vergiss nicht, dass der Zugriff auf die Akasha-Chronik kein Alleingang ist. Außer dir sind die Kräfte des Lichts, der heilige Geist Gottes, die Herren der Chronik sowie die Meister, Lehrer und Angehörigen daran beteiligt. Wenn du auf den Plan trittst und deinen Teil tust, tauchen auch all diese Lichtwesen auf. Und sie setzen buchstäblich Himmel und Erde in Bewegung, um dir zu helfen, dein Bewusstsein zu verändern und Zugriff auf die Akasha-Chronik zu erhalten. Deine Bereitschaft und dein aufrichtiger Wunsch nach Anleitung, unterstützt von einer Vielzahl himmlischer Helfer, geben dir die Gewissheit, dass du immer dann in der Chronik sein wirst, wenn du Folgendes sagst: »Die Chronik ist jetzt geöffnet.« Es ist wirklich so einfach.

Habe ich ein Recht, in der Chronik zu sein? Bin ich würdig genug?

Auch hier lauten die Antworten *Ja* und *Ja.* Jeder Mensch auf diesem Planeten hat das Recht, auf die Chronik zuzugreifen, weil jeder Mensch ein heiliges Kind Gottes ist, dessen Name in Gottes Buch des Lebens – der Akasha-Chronik – geschrieben steht. Allerdings hat nicht jede Person ein Interesse oder den Wunsch, auf die Akasha-Chronik zuzugreifen. Ich habe es bereits erwähnt: Wenn du dich zu diesem Buch hingezogen gefühlt hast – und wenn du es bis hierhin gelesen hast –, dann ist das so, weil die Herren der Chronik dich per »R-Gespräch« angerufen haben und du die Einladung angenommen hast. Also betrachte dies als deine gravierte Einladung.

Bin ich begabt oder intuitiv genug?

Wie du aus Julies Beispiel gelernt hast, stammen die Informationen, die du aus der Chronik bekommst, von einem göttlichen Bewusstsein, das *jenseits deiner Intuition liegt und größer ist als diese.* Es spielt also keine Rolle, ob du dich für intuitiv hältst oder nicht. Das soll nicht heißen, dass deine Intuition nicht viel stärker wird, nachdem du einige Zeit in der Chronik gearbeitet hast. Normalerweise wird sie stärker, weil die Arbeit in der Chronik dir hilft, deine Verbindung zum Licht zu stärken, was deine Empfänglichkeit für göttliche Führung sowohl innerhalb als auch außerhalb der Chronik verbessert. Das bedeutet: Intuitive Fähigkeiten oder eine besondere Begabung sind keine Voraussetzung für die Arbeit in der Chronik und machen dich auch nicht unbedingt zu einem besseren Leser. Zu einem besseren Leser macht dich deine Fähigkeit, dich so weit wie möglich außen vor zu lassen, sodass du deine ganze Aufmerksamkeit auf das Lesen und die empfangenen Anleitungen richten kannst. Wenn du diese Anleitungen ungehindert durch dich hindurchfließen lassen kannst, ist dies das beste Geschenk, das du geben *oder* haben kannst.

Hilfe von deinen Meistern, Lehrern und Angehörigen bekommen

Wenn du das Pathway-Gebet ganz bewusst und mit voller Absicht gesprochen hast, bist du in der Chronik. Wenn du dich selbst außen vorgelassen hast und eher liebevolle Anleitung als persönliche Gedanken oder Urteile erhältst, bekommst du deine Informationen aus der Chronik. Es ist wirklich so einfach. Für den Fall, dass du mehr Sicherheit brauchst, hier sind ein paar Fragen, die du deinen Meistern, Lehrern und Angehörigen jetzt stellen kannst. Sprich das Pathway-Gebet auf Seite 81 f., um deine Akasha-Chronik zu öffnen. Stelle dir dann nacheinander diese Fragen:

- Was würde mir helfen, empfänglicher für die Akasha-Chronik zu sein?
- Was würde mir helfen, empfänglicher für meine Meister, Lehrer und Angehörigen zu sein?
- Was blockiert aktuell meine Empfänglichkeit, und wie kann diese Blockade gelöst werden?

Auch hier kannst du deine Antworten so aufschreiben, wie du sie empfängst, oder du kannst sie zunächst empfangen und später aufschreiben. Wenn du alles aufgeschrieben hast, kannst du deine Chronik direkt schließen oder offen lassen und die folgende Meditation machen, um die Erfahrung zu stärken, die du während der Zeit in deiner Akasha-Chronik gesammelt hast.

Suche dir wie bei der Meditation »Die Lichtsäule« einen bequemen Stuhl in einem ruhigen Raum. Setze dich aufrecht mit geradem Rücken und beiden Füßen auf dem Boden und lege deine Hände mit den Handflächen nach oben in deinen Schoß oder auf die Armlehnen des Stuhls. Lies dann die folgende Meditationsanleitung in einem Tempo durch, das sich für dich angenehm anfühlt.

Meditation

Bitte deine Meister, Lehrer und Angehörigen, dir zu helfen, Erfahrungen in deiner eigenen Akasha-Chronik zu machen. … Sobald du deine eigene Chronik betrittst, scanne den Raum um dich herum … von links nach rechts, dann von rechts nach links … von oben nach unten, dann von unten nach oben … Mache eine kleine Bewegung mit deinem physischen Körper, um ein Gefühl für den Lichtkörper zu bekommen, der dich in deiner Chronik umgibt.

Während du in deiner eigenen Chronik bist, nimm die Anwesenheit deiner Meister, Lehrer und Angehörigen wahr. Manchmal ist ihre Präsenz ein Gefühl wie Liebe oder Frieden oder Stille. Manchmal ist es ein Gefühl von Wärme oder Weichheit. Manchmal ist es eine Eigenschaft von strahlendem Licht. Und manchmal ist es eine Form der Unterstützung, die entweder stark oder dezent sein kann.

Dein Bewusstsein für dich selbst in deiner Chronik eröffnet eine neue Dimension und erweitert den Raum, sodass viel Platz für dich ist. Nimm dir etwas Zeit, um diese Dimension zu erforschen. Reise über die Krone deines Kopfes hinein und bewege dich nach unten … vorbei an deinem Dritten Auge … an deinem Hals entlang … bis hinunter in dein Herz.

Während du deinen physischen Körper gedanklich abfährst, bewegt sich das Licht des Akasha durch dich hindurch. Es erstreckt sich von deiner Krone bis zu

Kurz nach dem Besuch meines ersten Akasha-Kurses wurde mir klar, dass meine Arbeit in der Akasha-Chronik die Grundlage für meine *ganze* Arbeit sein würde. In den letzten paar Jahren habe ich mit der Hilfe meiner Meister, Lehrer und Angehörigen (die ich liebevoll meine ABF – meine allerbesten Freunde – nenne) in meiner Chronik gearbeitet, um Lesungen für mich und andere zu machen, die Feng-Shui-Energie von Hunderten von Haushalten und Unternehmen zu analysieren, ein Feng-Shui-Buch sowie fast fünfzig Kinderbücher zu schreiben.

– Julie

deiner Wurzel, sodass es als Kraftfeld dienen kann, das die Energie an ihrem Platz hält.

Akasha erfüllt zwar deinen gesamten physischen Körper, aber sein Hauptsitz liegt zwischen deinem Kronenchakra und deinem Herzchakra. Platzierte dich bei deiner Krone und schau bis auf den Grund deines Herzzentrums. Dort liegt ein klarer See, eine spiegelnde Plattform, der Ankerpunkt von Akasha in dir. Wenn das Licht des Akasha mit dieser Plattform in Kontakt kommt, wird sie zum Tor zu deinen inneren Reichen. Das Licht deiner individuellen Seele prallt von dieser Plattform ab und wandert durch die Lichtsäule zurück nach oben … Sieh, wie dein Licht durch das Licht des Akasha intensiviert und gestärkt wird.

Es hält dein Halschakra, stört es aber nicht und dringt nicht in es ein. Das Licht ist zwar verfügbar, aber nicht invasiv. Weil es dein Halschakra hält, dient es als unendliche Quelle, die den verbalen Ausdruck deiner Seele in der Welt hinausträgt.

Der Lichtstrom fließt dann hinter deinem Dritten Auge weiter, um es zu halten und zu stützen. Wenn dieses Zentrum deines Körpers müde ist, kann es sich zur Unterstützung im Licht des Akasha ausruhen.

Nimm dir jetzt einen Moment Zeit, deine Meister, Lehrer und Angehörigen um jede Art der Führung zu bitten, die sie dir für deine Arbeit anbieten können. Dies ist eine Chance, deine bewusste Partnerschaft mit deinen Meistern, Lehrern und Angehörigen weiterzuentwickeln. Wenn du zu diesem Zeitpunkt Fragen an sie hast, kannst du diese jetzt stellen.

Wenn du das Gefühl hast, dass deine Sicht eher getrübt ist, oder wenn du spürst, dass nichts bei dir ankommt, korrigiere deine Haltung und nimm die Schultern zurück, um dein Herzzentrum zu öffnen und das Licht tiefer in diesen Raum eindringen zu lassen.

Während du dich auf das Schließen der Chronik vorbereitest, solltest du wissen, dass ein Weg gebahnt wurde und du deine innere Lichtsäule gereinigt hast. Du als Akteur und Instrument der Akasha-Chronik bist klar und rein, und dir steht jetzt diese unendliche Quelle zur Verfügung, um dich bei deiner Arbeit zu unterstützen.

Bringe jetzt deine Aufmerksamkeit zurück in diesen Moment und zu diesem Buch und schließe deine Akasha-Chronik.

♦

Verschiedene Einsatzmöglichkeiten für die Akasha-Chronik

Die Menschen haben viele wertvolle Möglichkeiten die Chronik zu nutzen, um ihr Leben zu verbessern. Einige Methoden funktionieren für manche besonders gut, während andere nicht so gut funktionieren, wenn überhaupt. Die folgenden Beispiele geben dir ein paar Ideen, wie du in der Chronik arbeiten kannst. Denke daran, dass es bis zum Ende der Übergangsfrist von dreißig Tagen nicht hilfreich ist, deine Akasha-Lesungen mit anderen Systemen und Disziplinen zu vermischen.

Für Einzelpersonen lesen

Wie du weißt, kannst du deine eigene Akasha-Chronik oder die Chronik anderer Menschen lesen. Bevor du die Chronik einer anderen Person öffnest, musst du deren Zustimmung einholen. Verwende den aktuellen offiziellen Namen dieser Person, wie in Richtlinie 2 auf Seite 21 beschrieben, und die Version des Pathway-Gebets von Seite 194 f.

Die Chronik von Tieren oder Haustieren lesen

Die Chronik eines Tieres oder Haustieres zu lesen kann dir hilfreiche Informationen über sein Temperament und seine Bedürfnisse liefern. Aber wie bekommt man die Erlaubnis, die Chronik des Tieres zu lesen? Frag es einfach, und es wird dir antworten! Setze dich für einen Moment zu dem Tier und erzähle ihm, was du gern tun würdest. Wenn das Tier nicht möchte, dass seine Chronik gelesen wird, wendet es sich möglicherweise von dir ab, verlässt den Raum oder schließt die Augen. Wenn es jedoch zustimmt und dir die Erlaubnis gibt, schaut es dir vielleicht in die Augen, kommt näher oder setzt sich neben dich oder auf deinen Schoß. Wenn das Tier nicht in der Nähe ist, kann sein Besitzer dir die Erlaubnis geben, seine Chronik zu öffnen. Wenn das Tier Papiere hat, die einen registrierten Namen enthalten, zum Beispiel Harold Jamison Trotter, dann verwende diesen Namen, um seine Chronik zu öffnen. Wenn das Tier jedoch keine formellen Papiere hat, verwende den Namen, unter dem es allgemein bekannt ist. Das könnte Püppi, Max oder »der Waschbär in meinem Hinterhof« sein.

Wenn eine Person mit Tieren arbeitet oder eine starke Affinität zu ihnen hat, kann sie die Chronik von Tieren oft viel leichter lesen als andere Menschen. Wenn das Lesen der Chronik von Tieren nichts für dich ist, kein Problem. Lies weiter, um mehr über verschiedene andere Möglichkeiten zu erfahren, wie du in der Chronik arbeiten kannst.

Die Chronik eines Hauses oder Wohnung lesen

Wenn du die Erlaubnis der Person hast, deren Name in der Hypothek oder im Mietvertrag steht, kannst du die Chronik des entsprechenden Hauses oder Wohnung lesen, um etwas über seine Geschichte, seinen Zweck und seine Energie zu erfahren. Wenn der Eigentümer eines Heims es zum Verkauf anbietet und einen Vertrag mit einem Makler unterzeichnet hat, sagt dieser Eigentümer mehr oder weniger: »Dieses Zuhause kann auf allen Ebenen besichtigt werden.« Daher kannst du diese Akasha-Chronik öffnen, ohne eine Erlaubnis einzuholen. Wenn das Haus oder die Wohnung jedoch an einen neuen Eigentümer verkauft wurde, ist eine »öffentliche Besichtigung« nicht mehr möglich, und du musst die Erlaubnis des Eigentümers einholen, um die Chronik zu öffnen. Verwende zum Öffnen der Chronik eines Zuhauses dessen vollständige Adresse: Straße, Hausnummer, Postleitzahl, Ort und Bundesland.

Während es den meisten von uns einleuchtet, dass ein Tier in der Akasha-Chronik seinen Platz hat, weil es offensichtlich über Lebenskraft verfügt, kann es eine größere Herausforderung sein, die Chronik eines Hauses zu lesen, das im Vergleich dazu inaktiv und leblos wirkt. Jedes Zuhause hat jedoch seine eigene Energie und Präsenz, die sich eher wie die Energie eines Landstrichs anfühlt als wie die eines Menschen oder eines Tieres. Dennoch kann die Energie jedes Heims in der Akasha-Chronik gelesen und entschlüsselt werden.

Wenn du die Chronik eines Heims öffnest, kannst du möglicherweise einige seiner Ideale, Potenziale und Wahrscheinlichkeiten erkennen. Vielleicht bekommst du auch eine Vorstellung davon, wie dieses Haus seine Bewohner unterstützt und wen es nicht beherbergen kann. Wenn es jedoch so aussieht, als könntet du die Akasha-Chronik eines Hauses nicht lesen, keine Sorge. Die Chronik eines Hauses zu lesen ist eigentlich zweitrangig gegenüber den Fragen über dieses Haus, die man der Chronik seines Besitzers stellt.

> Die Lesungen in der Akasha-Chronik legten den Grundstein für meinen Übergang von der Verwaltung gemeinnütziger Organisationen und dem Schreiben von Förderanträgen hin zur Gründung eines Quiltladens in Mississippi. Es war sehr hilfreich für mich, dieses Maß an Vertrauen und Zuversicht in sie zu haben. Es ist, als könne ich meine Geistführer jetzt viel deutlicher hören und fühlen. Wenn die Chronik geöffnet ist, bin ich ganz in einer Haltung des Zuhörens. Sie ist mächtig, pragmatisch, real, vernünftig und sehr einfach.
>
> *– Anne*

Die Chronik von öffentlichen Denkmälern, Gebäuden, Parks, Städten oder Gegenden lesen

Informationen über Objekte, Gebäude oder Orte mit der Öffentlichkeit bekannten Namen (das Washington Monument; Stonehenge; die Sixtinische Kapelle; Mt. St. Helens; Galena, Illinois; der Everglades-Nationalpark, Florida; der Arapaho National Forest, Colorado) sind in der Chronik frei zugänglich. Eine meiner Schülerinnen fragte sich oft, warum sie mehrmals in der Stadt Banff war und sich dort immer so zu Hause fühlte. Nachdem sie die Akasha-Chronik von Banff in Alberta, Kanada, geöffnet hatte, erfuhr sie, dass sie dort ein früheres Leben voller Liebe und großer Aufgaben geführt hatte. Aufgrund dieser Informationen war ihre nächste Reise nach Banff noch spezieller als alle vorherigen.

Die Chronik eines Unternehmens oder einer Abteilung eines Unternehmens lesen

Wenn du der Besitzer eines Unternehmens bist, kann dir das Öffnen seiner Akasha-Chronik Informationen darüber liefern, wie du deine Mitarbeiter auswählen und unterstützen und ihr Arbeitsumfeld so gut wie möglich gestalten kannst. Die Chronik kann dir auch sagen, welche Maßnahmen für das Unternehmen zu welchem Zeitpunkt am vorteilhaftesten wären. Um die Akasha-Chronik deines Unternehmens zu öffnen, verwendest du den eingetragenen Firmennamen.

Wenn du zwar nicht der Besitzer eines Unternehmens bist, aber der offizielle Leiter einer seiner Abteilungen, kannst die Chronik dieser einen Abteilung öffnen. Verwende dann sowohl den Namen des Unternehmens als auch den deiner Abteilung, zum Beispiel: die Rechnungsabteilung des Midwest-Regionalvertriebsbüros von GreenGrow International in Deerfield, Illinois.

Die Chronik eines Patienten oder Klienten lesen

Manche Menschen, die Energiearbeit machen, möchten die Chronik bestimmter Klienten öffnen, um nach den besten Möglichkeiten der Hilfe für sie zu fragen. Wie immer müssen Praktizierende die Erlaubnis und den aktuellen offiziellen Namen jedes Klienten haben, bevor sie seine oder ihre Chronik öffnen. Wenn es nicht möglich ist, diese Erlaubnis zu bekommen, können Praktizierende alternativ ihre eigene Chronik öffnen und fragen, wie sie einen bestimmten Klienten oder eine bestimmte Klientin generell am besten unterstützen können. Das Gleiche können Lehrer, Arbeitgeber oder Gruppenleiter tun, die einen Unterricht oder ein Meeting planen und die Erfahrung so effektiv wie möglich gestalten möchten.

Die Chronik für kreative Arbeit nutzen

Manche Menschen öffnen ihre Chronik gern vor oder während einer kreativen Unternehmung. Beispielsweise verwenden einige Leute die Chronik, um Gedichte oder Bücher zu schreiben oder um Musik zu komponieren. Andere bildhauern, zeichnen oder malen. Wieder andere tanzen. Zu welchem Zweck man die Chronik nutzt, hängt von den individuellen Bedürfnissen und der Persönlichkeit ab. Beispielsweise fällt es manchen Menschen schwer, längere Zeit in der Chronik zu bleiben. Für sie ist es also einfacher, die Chronik zu öffnen, um Inspiration und Anleitung zu erhalten, die Chronik dann wieder zu schließen und kreativ zu werden. Für andere ist es vorteilhafter, die Chronik zu öffnen, um Hilfe und Inspiration zu bitten, und dann in der Chronik zu bleiben, während sie kreativ werden!

Die Chronik zum Lernen nutzen

Manche möchten die Chronik nutzen, um auf tieferen Ebenen etwas über bestimmte Dinge zu erfahren. Wenn Studenten beispielsweise einen heiligen oder komplizierten Text wirklich verstehen wollen, können sie ihn mit ihrer geöffneten Chronik lesen. Das kann ziemlich aufschlussreich sein. Das Lesen mit deinen Meistern, Lehrern und Angehörigen ist wie das Lesen eines Buches, in dem jemand die wichtigsten Stellen markiert und großartige Notizen an den Rand geschrieben hat – alles zu deiner Weiterbildung!

Es macht auch Spaß, ein Gemälde zu analysieren, einen Gottesdienst zu besuchen oder Musik zu hören, wenn du deine Chronik geöffnet hast. Du solltest allerdings darauf achten, dass die Musik eher sanft oder beruhigend ist, wie beispielsweise klassische Musik, und kein kreischender Acid Rock. Vergiss nicht, deine Chronik wieder zu schließen, wenn du mit dem Lernen oder Zuhören fertig bist.

♦

Indem du lernst, in der Chronik zu arbeiten, erforschst du deine Möglichkeiten. Ich ermutige dich, die Chronik verschiedener Personen, Orte und Dinge zu lesen, um herauszufinden, was für dich am besten funktioniert. Vergleiche deine Erfahrungen möglichst nicht mit denen anderer Akasha-Leser, denn jeder einzelne hat andere Stärken und Interessen, wenn er oder sie in der Chronik arbeitet.

Nachdem du nun etwas über die verschiedenen Arten über die Verwendung der Chronik gelesen hast, ist es an der Zeit, deine Meister, Lehrer und Angehörigen nach den für dich am besten geeigneten Methoden zu fragen. Nachdem du deine Chronik geöffnet hast, kannst du folgende Fragen stellen:

- Was ist für mich zu diesem Zeitpunkt die beste Möglichkeit (oder besten Möglichkeiten), den Pathway-Gebetsprozess anzuwenden?
- Was sind meine einzigartigen Gaben, Talente und Fähigkeiten? Und wie kann ich sie in der Chronik am besten einsetzen?

Nimm dir die erhaltenen Antworten zu Herzen, und baue sie in deine persönliche Arbeit mit der Akasha-Chronik ein.

4

Die Akasha-Chronik für andere Leser

Manchmal vergessen wir Menschen mit unseren begrenzten Blickwinkeln, wer wir wirklich sind. Wir vergessen, dass wir trotz allem, was wir in einem Spiegel zu sehen *glauben*, in Wahrheit ewige Wesen des Lichts sind, deren Essenz Ganzheit und Wohlbefinden und Herzensgüte ist.

Wenn du die Akasha-Chronik anderer Menschen liest, bist du in der einzigartigen und wunderbaren Position, sie daran zu erinnern, wer sie sind; sie sich selbst so sehen zu lassen, wie sie von Gott und ihren Meistern, Lehrern und Angehörigen gesehen, verstanden und geliebt werden. Wenn Menschen allmählich das Licht in sich selbst – und auch in anderen – sehen, können sie lang gehegte Überzeugungen und Sichtweisen loslassen und durch Vergebung und Heilung ersetzen.

Wie du vielleicht schon vermutet hast, wirst du jedes Mal, wenn du die Chronik anderer Leute liest, eine andere Erfahrung machen. Nicht nur bekommst du unterschiedliche Informationen für jede Person, auch wie du die Informationen *empfängst* und *übermittelst*, ist jedes Mal anders. Schließlich wissen die Meister, Lehrer und Angehörigen eines Individuums genau, was gesagt und wie es gesagt werden muss, damit diese Person es am besten annimmt. Wenn »Jane« beispielsweise sehr visuell ist, zeigen ihre Meister, Lehrer und Angehörigen dir vielleicht ein Bild oder eine Szene, die du ihr beschreiben kannst. Das Bild oder die Szene ergibt vielleicht Sinn für dich oder auch nicht, aber wundere dich nicht, wenn Jane sagt: »Jetzt kapier ich's! Ja! Das leuchtet mir alles absolut ein.« Für dich ist in diesem Moment wichtig, daran zu denken, dass du über die Information nicht urteilen und sie genau so weitergeben sollst, wie du sie empfängst.

Die Chronik geht sanft mit uns um, und selbst wenn wir etwas daraus erfahren, das wir wirklich nicht hören wollen, sind wir zutiefst erleichtert und dankbar für die Klarheit und Einfachheit, mit der es uns präsentiert wird. Die Chronik ist ein sicherer, tröstlicher Ort.

Ob ich nun eine Lesung gebe oder bekomme, der Pathway-Gebetsprozess löscht irgendwie alle Ängste, die ich vor dem Geben oder Empfangen eines »Aha-Moments« vielleicht habe. Diese großartigen Erkenntnisse stellen sich ganz natürlich und ohne viel Aufhebens ein.

– Jean

Wenn du das tust, kann die andere Person frei entscheiden, was die Information bedeutet und was sie damit anfängt.

In manchen Fällen merkst du vielleicht, dass einer von euch oder sogar ihr beide irgendeine Form von Widerstand gegen die empfangenen Informationen aufbaut. Dies kann vor allem bei Lesungen vorkommen, bei denen die von dir weitergegebenen Botschaften sensibel oder unangenehm sind. Das ist in Ordnung. Es ist nur die Angst, die da spricht, und passiert immer wieder. (Deshalb bitten wir im Eröffnungsgebet um »Mut, die Wahrheit zu erkennen«.)

Erinnert euch beide daran, dass die Meister, Lehrer und Angehörigen liebende Wesen des Lichts sind, die nur die Wahrheit sagen und deren einzige Aufgabe während einer Akasha-Lesung darin besteht, das Wachstum und die Erleuchtung einer Seele zu fördern. Das heißt, du kannst die Meister, Lehrer und Angehörigen der Person bitten, euch beiden zu helfen und euch Sicherheit zu vermitteln. Dadurch könnt ihr beide frei sein: Du bist frei bei der Übermittlung, die andere Person beim Empfangen der Informationen und Anleitung. Es ist vollkommen legitim, während einer Lesung innezuhalten und das Eröffnungsgebet noch einmal still für dich zu sprechen, um Angst und Unsicherheit abzubauen und deine Verbindung zum Licht zu stärken. Es ist auch angemessen, euch Wasser einzuschenken oder gemeinsam ein paarmal tief durchzuatmen, solltet ihr euch körperlich oder emotional angespannt fühlen. Was immer ihr tun wollt, der Zweck dieser kurzen Pause ist es, das energetische Muster der Angst zu durchbrechen und es in ein Muster der Sicherheit und des Trostes zu wandeln.

Wenn du die Chronik einer anderen Person öffnest, durchläufst du den Pathway-Gebetsprozess, liest das Gebet aber etwas anders, um die andere Person einzubeziehen. Auch der Prozess ändert sich ein wenig. Ich werde diese Unterschiede im folgenden kommentierten Gebet erläutern. Auf Seite 194 f. findest du das Gebet ohne Anmerkungen, damit du es anderen vorlesen kannst.

♦

Den Pathway-Gebetsprozesses verstehen. Lesungen für andere

Der Pathway-Gebetsprozess, um für andere Zugang zum Herzen der Akasha-Chronik zu bekommen

Eröffnungsgebet

Wenn du für jemand anderen liest, sprichst du diesen Teil laut:

1. Und so erkennen wir die Kräfte des Lichts an
2. und bitten um Beratung, Anleitung sowie den Mut, die Wahrheit zu erkennen,
3. denn sie wird zu unserem höchsten Wohle und dem höchsten Wohle von
4. allen, die mit uns verbunden sind, offenbart.

In der ersten Zeile des Gebets rufst du die höheren Reiche des Lichtes an und richtest dich in deinem eigenen Namen und im Namen der anderen Person an ihnen aus. Indem du die Kräfte des Lichts anerkennst, stellst du (der Leser/die Leserin) über eine vertikale Lichtsäule eine Verbindung zur Akasha-Chronik her, als würdest du für dich selbst lesen.

In den Zeilen 2 bis 4 bittest du um dieselben drei Dinge, wie bei der Lesung für dich selbst: Beratung, Anleitung und den Mut, furchtlos und bereitwillig die Wahrheit (keine Vorhersagen) zu empfangen, nach besten Kräften und zum höchsten Wohle aller. Der Unterschied besteht darin, dass du jetzt für dich selbst *und* für die Person, für die du liest, um diese Dinge bittest.

Sprich diesen Teil laut:

5. O Heiliger Geist Gottes,

Lies diesen Teil still für dich:

6. beschütze mich vor allen Formen der Selbstzentriertheit,
7. und lenke meine Aufmerksamkeit auf die Arbeit daran.

Die Zeilen 5 bis 7 werden für eine andere Person anders gelesen. Egal, ob du für dich selbst *oder* für jemand anderen liest, Zeile 5 wird immer laut gelesen. Wenn du jedoch für jemand anderen liest, liest du die Zeilen 6 und 7 still für dich. Dieses kurze, stille Gebet soll nur von deinen Meistern, Lehrern und Angehörigen »gehört« werden. Es ist eine Bitte an sie, dich immun gegen alles zu machen, was nicht aus Licht ist, und dich in einer Art Servicemodus für die Person zu halten, für die du liest. Sie macht es auch möglich, die Informationen und die Lesung reibungsloser und effektiver in Fluss zu halten.

Lies diesen Teil einmal laut vor:

8. Hilf mir, *(Vorname oder Spitzname der Person)* im Licht der Akasha-Chronik zu erkennen,
9. *(Vorname oder Spitzname der Person)* mit den Augen der Herren der Chronik zu sehen,
10. und befähige mich, die Weisheit und das Mitgefühl zu teilen, die die Meister, Lehrer
11. und Angehörigen von *(Vorname oder Spitzname der Person)* für *(ihn* oder *sie)* haben.

In den Zeilen 1 bis 7 hast du angefangen, eine vertikale Lichtsäule zu errichten, um dich mit der Akasha-Chronik zu verbinden. Indem du jetzt die Zeilen 8 bis 11 laut sprichst, stellst du eine horizontale Verbindung zwischen dir und der anderen Person her, sodass ihr beide in einer Art Blase oder einem Kokon aus Licht gehalten und geschützt werdet. Die horizontale Verbindung kommt zustande, wenn das Licht aus dem Herzen der Akasha-Chronik hinunter zu deinem achten Chakra strömt, dann nach unten durch deine Krone und durch dein Herzzentrum hinaus zu der anderen Person fließt.

Du verwendest den Vornamen oder Spitznamen der Person, wenn du die Zeilen 8 bis 11 sprichst, weil du dich auf die Person als das beziehst, was sie oder er jeden Tag in der physischen Dimension ist. Diesen Name nutzt die Person auch im Alltag für sich selbst. Also ist es angenehm und vertraut, ihn laut ausgesprochen zu hören. (Das ist besonders wichtig, wenn einer Person ein wenig bange vor der Lesung hören sich die Person entspannt.)

Lies diesen Teil still für dich:

12. Hilf mir, *(aktueller offizieller Name der Person)* im Licht der Akasha-Chronik zu erkennen,
13. *(aktueller offizieller Name der Person)* mit den Augen der Herren der Chronik zu sehen.
14. Und befähige mich, die Weisheit und das Mitgefühl zu teilen, die die Meister, Lehrer
15. und die Angehörigen von *(aktueller offizieller Name der Person)* für *(ihn* oder *sie)* haben.
16. Hilf mir, *(aktueller offizieller Name der Person)* im Licht der Akasha-Chronik zu erkennen,
17. *(aktueller offizieller Name der Person)* mit den Augen der Herren der Chronik zu sehen,
18. und befähige mich, die Weisheit und das Mitgefühl zu teilen, die die Meister, Lehrer
19. und die Angehörigen von *(aktueller offizieller Name der Person)* für *(ihn* oder *sie)* haben.

Während du die Zeilen 12 bis 19 still für dich liest, lässt du dich in einen erweiterten Bewusstseinszustand versetzen. In diesem Zustand bist du in der physischen Dimension verankert, kannst aber die eher feinstofflichen Eindrücke und Schwingungen aus der Dimension der Akasha-Chronik erfassen. Gleichzeitig passieren diese Dinge:

- Die Schwingung des aktuellen offiziellen Namens der Person ruft die Aufzeichnungen ihrer Seele ab. Diese werden dann von den Herren der Chronik herausgesucht und den Meistern, Lehrern und Angehörigen der Person übergeben. Diese wiederum laden die Informationen herunter, die du während dieser speziellen Lesung mit der Person teilst.
- Genauso wie bei einer Lesung für dich selbst bewegt sich Energie aus dem Herzen der Akasha-Chronik nach unten durch dein Kronenchakra und schreibt ihre Schwingung tief hinter deinem Herzzentrum ein. Dein Herzzentrum ist deine »Andockstelle« für die Informationen aus der Chronik, sei es für dich selbst oder für jemand anderen. Wenn diese energetische Verankerung abgeschlossen ist, wird auch die Veränderung in deinem Bewusstsein abgeschlossen sein.

Verkünde das Öffnen der Chronik, indem du laut sagst:

20. Die Chronik ist jetzt geöffnet.

Deine Bewusstseinsveränderung ist vollständig abgeschlossen. Du hast jetzt Zugang zu der Akasha-Chronik der Person und ihren Meistern, Lehrern und Angehörigen.

Schlussgebet

Wenn du bereit bist, deine Lesung in der Chronik zu beenden, sprich diesen Teil laut:

21. Ich möchte den Meistern, Lehrern und Angehörigen danken
22. für ihre Liebe und ihr Mitgefühl.
23. Ich möchte den Herren der Akasha-Chronik danken für ihre Sichtweise.
24. Und ich möchte dem Heiligen Geist des Lichts danken für alle Erkenntnisse und die Heilung.
25. Die Chronik ist nun geschlossen. Amen.

26. Die Chronik ist nun geschlossen. Amen.
27. Die Chronik ist nun geschlossen. Amen.

> Lesungen für andere Menschen machen einen großen Teil der Arbeit in der Chronik aus. Daran ist unter anderem so wunderbar, dass man mit einer anderen Person zusammenarbeitet und sich darüber unterhält, wonach sie sucht. Diese Erfahrung ist für den Leser ebenso hilfreich wie für die Person, für die gelesen wird.
>
> *– Jessica*

Zugang zur Akasha-Chronik dieser Person zu bekommen war sowohl eine Ehre als auch ein Privileg. Natürlich wirst du allen Lichtwesen danken wollen, die diese Erfahrung möglich gemacht haben.

Genau wie es einige Zeit gedauert hat, aus deinem regulären Bewusstseinszustand herauszukommen, braucht es einige Zeit, um wieder zurückzuwechseln. Dieser Wechsel oder Übergang ist eine Art Reise, und jede Reise hat einen Anfang, eine Mitte und ein Ende. Das Sprechen von Zeile 25 signalisiert den Beginn dieses Übergangs, das Sprechen von Zeile 26 die Mitte und das Sprechen von Zeile 27 das Ende.

Wenn du die Chronik der Person geschlossen hast, vergiss nicht, dich auf die Weise zu erden, die für dich am besten funktioniert.

♦

Lesungen für andere. Ein paar Tipps

Denke daran, dass niemand zu einer Akasha-Lesung genötigt werden sollte. Wenn du jedoch gebeten wirst, eine Lesung durchzuführen, solltest du Folgendes wissen oder tun, damit diese Lesung – und jede Lesung – so gut wie möglich wird.

Vor der Lesung …

- Wenn du deine Lesungen in Präsenz durchführst, richtest du dir zu Hause oder in deiner Praxis einen ruhigen Platz ein, an dem du und deine Klienten sich sicher und wohlfühlen. Wichtig ist, dass ihr nicht von Kollegen, Familienmitgliedern, Haustieren oder anderen Ablenkungen gestört werdet. Wenn du unschlüssig bist, welche Umgebung die Lesung am besten unterstützt, kannst du deine Chronik fragen: »Wie kann ich eine sichere Umgebung für die Arbeit in der Chronik schaffen und aufrechterhalten?«

- Wenn du deine Lesungen am Telefon durchführst, vergewissere dich, dass der Akku deines Telefons voll aufgeladen ist, und richte sämtliche Aufzeichnungsgeräte vorab ein. (Manche Akasha-Leser zeichnen ihre Lesungen auf und senden dann ein Band oder eine Datei an ihre Klienten. Ob du die Lesungen aufzeichnest oder nicht, liegt ganz bei dir.)
- Wenn du Geld für die Lesung nimmst, sorge dafür, dass die Zahlung im Voraus abgewickelt wird, damit du zum vereinbarten Zeitpunkt deine ganze Energie und Aufmerksamkeit der Lesung und der Person zukommen lassen kannst, für die du liest.
- Um sicherzustellen, dass deine Lesungen zielgerichtet sind und die Informationen reibungslos fließen, lass deine Klienten ihre Fragen vorbereiten. (Sie müssen dir die Fragen nicht im Voraus liefern, sondern sich selbst darüber Gedanken gemacht haben.) Wenn sie dich fragen, welche Art von Fragen am besten funktionieren, erklärst du ihnen, dass *Wie-, Was-* und *Warum*-Fragen die meisten Informationen liefern und zeitbezogene, vorhersagende Fragen sowie Ja-oder-nein-Fragen die wenigsten, wenn überhaupt irgendwelche Informationen.
- Erinnere dich daran, dass das Ziel jeder Lesung darin besteht, die Person zu würdigen und aufzubauen, für die gelesen wird. Es geht darum, das wahre Selbst und das Potenzial dieser Person aus Sicht der Akasha-Chronik zu enthüllen und Klarheit, Anweisung und Heilung zu bieten.

Während der Lesung …

- Lesungen für andere Menschen durchzuführen ist ein Privileg, das mit Verantwortung einhergeht. Besonders wenn du für jemanden aus deinem Bekanntenkreis liest, solltest du die Gelegenheit nutzen, die Person zu unterstützen und nicht zu sabotieren, zu verurteilen oder zu verletzen. (Mit anderen Worten: Es spielt keine Rolle, was du über den Freund deiner Schwester denkst. Behalte deine Gedanken und Meinungen für dich und gib nur die Informationen weiter, die von den Meistern, Lehrern und Angehörigen deiner Schwester kommen.) Mit etwas Übung wirst du die Fähigkeit entwickeln, zwischen deinen persönlichen Gefühlen und der Chronik unterscheiden zu können. Du merkst, dass du zu involviert bist, wenn du darauf bestehst, dass eine Person *deine* Vorschläge umsetzt, und dann wütend wirst, wenn sie sich widersetzt. Ein weiterer Indikator ist, dass du deine Aufmerksamkeit von der Person abwendest und anfängst, Informationen über dich selbst und darüber, wie du eine ähnliche Situation gemeistert hast, zum Besten zu geben. Wenn die Lesung beginnt, sich in irgendeiner Weise um dich zu drehen, bist du aus der Chronik gerutscht. Wenn das passiert, hältst du einfach inne und liest noch einmal still das Eröffnungsgebet. Das rettet die Situation, und du kannst mit dem Lesen fortfahren.
- Wenn eine Person anfängt, Fragen über andere Menschen zu stellen – vielleicht, weil sie etwas über ihre Gedanken und Beweggründe erfahren möchte oder darüber, wie man sie davon überzeugt, sich auf eine bestimmte Weise zu verhalten –, hältst du inne und erinnerst die Person daran, dass ihr euch in der Chronik *ihrer individuellen Seele* befindet. Wenn »Trixie« Informationen über »Trudy« haben möchte, bekommst du also nur Informationen, die für *Trixies Rolle* in ihrer Beziehung zu Trudy relevant sind.
- Vielleicht hast du zu irgendeinem Zeitpunkt auch das Gefühl, aus der Chronik gerutscht zu sein – oder nie vollen Zugriff darauf gehabt zu haben, obwohl du das Gebet richtig gesprochen hast. In diesem Fall bittest du die Meister, Lehrer und Angehörigen im Stillen um Unterstützung. Wie ich bereits erwähnt habe, kannst du auch

das Eröffnungsgebet noch einmal still für dich lesen, um deinen Fokus neu auszurichten und deine Verbindung zum Licht zu stärken.

- Während du für eine andere Person liest, werdet ihr beiden in einem schützenden »Kokon« aus Licht zusammengehalten. Es ist also nicht ungewöhnlich, dass du gelegentlich eine energetische Aufladung spürst, wenn die andere Person emotional wird. Mache dir keine Sorgen. Weil du die Situation aus Sicht der Chronik betrachtest, wirst du sofort wissen, dass du diese Gefühle und Emotionen nicht erleben oder festhalten sollst. Du sollst sie lediglich verstehen, um die Person bei ihrer Verarbeitung und Auflösung zu unterstützen. Bis du das Schlussgebet sprichst, wird sich die emotionale Ladung ebenso aufgelöst haben wie deine energetische Verbindung zu der Person. Du wirst die Probleme dieser Person niemals annehmen oder die energetischen Auswirkungen dieser Probleme mit dir herumtragen.

Der Pathway-Gebetsprozess, um für andere Zugang zum Herzen der Akasha-Chronik zu ermöglichen

Eröffnungsgebet

Wenn du für jemand anderen liest, sprichst du diesen Teil laut:

Und so erkennen wir die Kräfte des Lichts an
und bitten um Beratung, Anleitung sowie den Mut, die Wahrheit zu erkennen.
Denn sie wird zu unserem höchsten Wohle und dem höchsten Wohle von
allen, die mit uns verbunden sind, offenbart.

Sprich diesen Teil laut:

O Heiliger Geist Gottes,

Lies diesen Teil still für dich:

beschütze mich vor allen Formen der Selbstzentriertheit,
und lenke meine Aufmerksamkeit auf die Arbeit daran.

Lies diesen Teil einmal laut vor:
Hilf mir, *(Vorname oder Spitzname der Person)* im Licht der Akasha-Chronik zu erkennen,
(Vorname oder Spitzname der Person) mit den Augen der Herren der Chronik zu sehen,
und befähige mich, die Weisheit und das Mitgefühl zu teilen, die die Meister, Lehrer
und Angehörigen von *(Vorname oder Spitzname der Person)*
für *(ihn* oder *sie)* haben.

Lies diesen Teil still für dich:
Hilf mir, *(aktueller offizieller Name der Person)* im Licht der Akasha-Chronik zu erkennen,
(aktueller offizieller Name der Person) mit den Augen der Herren der Chronik zu sehen,
und befähige mich, die Weisheit und das Mitgefühl zu teilen, die die Meister, Lehrer
und die Angehörigen von *(aktueller offizieller Name der Person)* für *(ihn* oder *sie)* haben.

Hilf mir, *(aktueller offizieller Name der Person)* im Licht der Akasha-Chronik zu erkennen,
(aktueller offizieller Name der Person) mit den Augen der Herren der Chronik zu sehen,
und befähige mich, die Weisheit und das Mitgefühl zu teilen, die die Meister, Lehrer
und die Angehörigen von *(aktueller offizieller Name der Person)* für *(ihn* oder *sie)* haben.

Verkünde das Öffnen der Chronik, indem du laut sagst:
Die Chronik ist jetzt geöffnet.

Schlussgebet

Sprich diesen Teil laut:

Ich möchte den Meistern, Lehrern und Angehörigen danken
für ihre Liebe und ihr Mitgefühl.
Ich möchte den Herren der Akasha-Chronik danken
für ihre Sichtweise.
Und ich möchte dem Heiligen Geist des Lichts danken
für alle Erkenntnisse und die Heilung.
Die Chronik ist nun geschlossen. Amen.
Die Chronik ist nun geschlossen. Amen.
Die Chronik ist nun geschlossen. Amen.

Nach der Lesung …

- Manchmal hast du vielleicht das Gefühl, dass du auch nach Ende der Lesung noch Informationen bekommst. Das liegt daran, dass du mit dem Schließen der Chronik der Person zwar »den Wasserhahn zugedreht« hast, aber noch ein bisschen Energie und Information in der Leitung ist. Wiederhole in diesem Fall das Schlussgebet laut, und der Informationsfluss kommt vollständig zum Erliegen.
- Wenn du feststellst, dass du nach der Lesung noch lange über eine Person nachdenkst oder dir Sorgen um sie machst, wiederhole das Schlussgebet laut, um dich zu beruhigen.

Eine »Bewusstseinshöhe« entwickeln

Wenn du Akasha-Lesungen für andere durchführst, ist es dein Ziel, dich in jede einzelne Seele zu verlieben! Dazu musst du eine »Bewusstseinshöhe« entwickeln, die es dir möglich macht, die Person mit dem erweiterten und erhöhtem Blick der Meister, Lehrer und Angehörigen aus zu sehen. Mit anderen Worten: Wenn du immer nach dem Licht suchst und ihm folgst, während du Informationen über die Person empfängst, wird das Licht intensiver und dehnt sich aus, während es dich von einer Wahrheit zur anderen führt.

Wenn du während einer Lesung dein Bewusstsein nicht auf Höhe bringen kannst, frage die Meister, Lehrer und Angehörigen der Person um Hilfe: »Wo ist hier das Licht? Bitte zeigt es mir. Haltet mich mit dem Licht verbunden, damit ich helfen kann, diese Seele zu ihrer nächsten, besten Version ihrer selbst zu erheben – auf ihre nächsthöhere Ebene der Tugend.« Sei dann still, während die Meister, Lehrer und Angehörigen dir zeigen, was du sehen musst.

Natürlich ist es nicht nur wichtig, eine Bewusstseinshöhe nicht nur zu wahren, wenn du für andere liest. Es ist ebenso relevant, diese Perspektive beizubehalten, wenn du für dich selbst liest. Hörst du Kritik, Sarkasmus oder Urteile, wenn du deine Akasha-Chronik öffnest? Klingt die Information weniger nach deinen Meistern, Lehrern und Angehörigen und eher nach Selbstgesprächen? Dann bitte darum, dass dir die Wahrheit über dich selbst und die von dir gesuchten Antworten gezeigt werden. Nochmals, wenn du einen Widerstand spürst oder diese negativen Gedanken bestehen bleiben, solltest du wissen, dass es nichts zu befürchten gibt. Du bist von Licht und Liebe umgeben und vom Mut durchdrungen, die Wahrheit zu erkennen – was letztendlich immer hilfreich und positiv ist.

Hier ist eine Meditation, mit der du deine Bewusstseinshöhe stärken kannst. Öffne deine Akasha-Chronik, bevor du mit der Meditation beginnst. Lies den folgenden Text langsam, und mache zwischen den Absätzen jeweils eine Pause, um die Augen zu schließen und dir jede Szene oder Idee vorzustellen.

Meditation

Öffne dein Bewusstsein für deine Beziehung zu deiner eigenen Akasha-Chronik.

Öffne dich für die Gegenwart deiner eigenen Meister, Lehrer und Angehörigen. … Sei nach besten Kräften offen für die Realität ihrer Weisheit und ihres Mitgefühls für dich. Die Verbundenheit dieser Gruppe zu dir ist so tief und unerschütterlich, dass du nichts tun kannst, um sie zu abzuschrecken oder wegzustoßen. Sie sind immer für dich da.

Finde heraus, wie deine Meister, Lehrer und Angehörigen dich als Vertreter der Akasha-Chronik sehen – wie sie deine Beziehung zur Chronik wahrnehmen und wie dich das Arbeiten in der Chronik unterstützt.

Du wurdest zu diesem Zeitpunkt ins Akasha gerufen, weil du bist, wer du bist. Frage deine Meister, Lehrer und Angehörigen: »Warum jetzt? Warum diese Persönlichkeit? Warum diese Inkarnation?« Was sagen sie über die Rolle der Akasha-Chronik bei der Transformation des Planeten zu dieser Zeit? Wie sehen sie es, dass du zu dieser Zeit über die Chronik an der Transformation und Heilung der Lebenskraft auf dem Planeten beteiligt bist?

Erlaube dir, dir der Lichtsäule bewusst zu werden, die rings um dich herabregnet. Nimm deine individuelle Lichtsäule und erlaube ihr, mit der Lichtsäule von sämtlichen Schülern des Akasha zu verschmelzen. Sie ist hier … jetzt … verankert und geht so weit, wie dein Bewusstsein dich trägt … und dann geht sie von dort noch weiter.

Tritt in die Lichtsäule und schau nach draußen. Wenn du nach draußen blickst, kannst du Lichtpunkte erkennen, die sich über den ganzen Globus verteilen – Seelen, die zum Licht in sich selbst erwachen und das Licht in anderen sehen. Sieh, wie sich das Licht über eine Seele nach der anderen ausbreitet.

Eine Ausdehnung, eine Verstärkung, eine Beschleunigung des Lichts findet statt – so viele Lichter, dass der gesamte Kontinent voller Lichtpunkte ist … die sich mit anderen Lichtpunkten verbinden … und auf der ganzen Welt ausbreiten … bis die auffallendste und dominanteste Kraft auf dem Planeten das Licht der ewigen Seele ist.

Lass es so sein.

Bringe deine Aufmerksamkeit jetzt zurück in diesen Moment und zu diesem Buch, und schließe deine Akasha-Chronik.

Vom eingeweihten Novizen zum angehenden Fachmann

Glückwunsch! Jetzt, wo du in dem Buch so weit gekommen bist, weißt du, wie du den Pathway-Gebetsprozess verwenden kannst, um auf das Herz der Akasha-Chronik zuzugreifen. Mithilfe dieses Wissens kannst du die Informationen in Teil zwei verwenden, um dein eigenes Arbeiten in der Chronik zu festigen und gleichzeitig zu lernen, als praktizierender Leser der Akasha-Chronik mit anderen zusammenzuarbeiten.

TEIL 2

Heile dich selbst und andere mit der Akasha-Chronik

5

Energieheilung in der Akasha-Chronik

Willkommen auf deiner nächsten Arbeitsebene in der Akasha-Chronik. Auf diesem Level vertiefst du dein Verständnis dafür, wie durch die Chronik Heilung erreicht werden kann. Bevor wir anfangen, die Energieheilung in der Chronik zu erforschen, kann es nützlich sein, sich noch einmal Gedanken über die Bedeutung des Wortes *heilen* zu machen: »bewirken, dass ein unerwünschter Zustand überwunden wird; die ursprüngliche Reinheit oder Integrität wiederherstellen; in einen gesunden Zustand zurückkehren.« Diese Formen der Heilung ergeben sich ganz natürlich aus der Chronik, weil wir uns bei jeder Akasha-Lesung selbst so sehen können, wie wir von unseren Meistern, Lehrern und Angehörigen gesehen, verstanden und geliebt werden: als grundsätzlich rein und gesund. Wenn wir während einer Lesung unsere Reinheit und Gesundheit sehen und diese Wahrheit über uns selbst allmählich erkennen, wird unser Wissen zum ersten Schritt in unserem Heilungsprozess. Dies hilft uns, unsere ursprüngliche Reinheit und Integrität, unseren ursprünglichen gesunden Zustand wiederherzustellen – und so beginnt unsere Heilung.

Bei einer medizinischen Routineuntersuchung wurde bei mir eine schwere Herzerkrankung diagnostiziert. Ich bin selbst Ärztin, und diese Diagnose traf mich aus heiterem Himmel. Ich wusste, dass ich einen Weg finden musste, mein Herz zu heilen. Da entdeckte ich, wie ich die Akasha-Chronik nutzen kann, um mich selbst zu heilen. Das zu lernen eröffnete einen neuen Dialog mit meinem Herzen. Mein Herz öffnete sich für Heilung und empfing heilendes Licht.

– Laura

An dieser Stelle fragst du dich vielleicht: *Wenn es ausreicht, mich selbst anders zu sehen, um die Heilung in Gang zu setzen, warum kann ich es dann nicht selbst tun? Warum brauche ich die Akasha-Chronik, um mir zu sagen, wer ich bin? Ich weiß bereits, wer ich bin.* Die Antwort ist sowohl einfach als auch komplex. Wenn wir Menschen auf unser Leben blicken, ist unsere Wahrnehmung sowohl *durch* als auch *auf* unseren aktuellen physischen Körper begrenzt, weil er unsere gegenwärtigen irdische Erfahrungen in diesem menschlichen Leben macht. Aus unserer menschlichen Perspektive sehen wir also Krankheit und Unvollkommenheit. Wir haben oft das Gefühl, dass etwas nicht stimmt oder fehlt, dass wir nicht alles sind, was wir sein könnten. Doch wenn wir die Möglichkeit haben, unsere wahre Essenz aus Sicht der Chronik zu erfassen, sehen wir ein anderes Bild. Weil wir von Natur aus Manifestationen der göttlichen Quelle sind, ist unser wahres Wesen ewige Ganzheit, ewiges Wohlbefinden und ewige Güte. Wir sind nicht nur alles, was wir sein könnten, sondern all das und noch was obendrauf! Auf der Seelenebene ist dies immer der Fall. Wie oft gesagt wird, sind wir göttliche Wesen in einem physischen Körper, die menschliche Erfahrungen auf diesem Planeten machen. Die Akasha-Chronik wirft ein Licht auf diese Wahrheit und hilft uns, uns an sie zu erinnern und sie zu verinnerlichen, damit wir nicht in Illusionen gefangen bleiben müssen.

Es ist eines der großen Paradoxe der spirituellen Reise, dass du auf der Seelenebene in jeder Hinsicht perfekt bist, aber in deiner derzeitigen körperlichen Form möglicherweise unter sehr realen Einschränkungen leidest, wie psychische oder physische Erkrankungen, chronische Leiden, finanzielle Schwierigkeiten oder Beziehungsprobleme. Auf deinem spirituellen Weg bist du aufgefordert, diese scheinbar widersprüchlichen Wahrheiten in dir auszuhalten: Während deine ewige Seele perfekt und makellos ist, leidet dein endliches menschliches Selbst möglicherweise an einer unheilbaren Krankheit. Um dieses Paradoxon in Einklang zu bringen, musst du lernen anzuerkennen, dass diese beiden Wahrheiten zeitgleich in zwei verschiedenen Dimensionen existieren. Dass auf der Seelenebene alles vollkommen ist, ist die Wahrheit der unsichtbaren Dimension im Inneren, während die physische Wahrheit der Krankheit in der sichtbaren, äußeren Dimension existiert. Doch diese beiden Wahrheiten schließen einander nicht aus. Sie koexistieren einfach so lange, bis du deinen physischen Körper verlässt und am Ende dieses Lebens ganz und gar Geist und vollkommen ganz wirst.

Die Einsicht in dieses spirituelle Paradoxon lässt uns erkennen, dass Krankheiten und Katastrophen aller Art weder Anklagen der Seele noch Ausdruck ihres Zustands sind. Vielmehr sind es Erfahrungen, die wir als Menschen machen und durch die wir lernen, uns selbst und andere trotz – oder oft *gerade wegen* – dieser Krankheiten oder Katastrophen zu lieben.

Wie findet Energieheilung in der Akasha-Chronik statt?

Wie hilfst du deinen Klienten, sich an ihre grundsätzliche Ganzheit zu erinnern? Nun, im Gegensatz zu anderen Energieheilern sendest du als Leser der Akasha-Chronik in einer Sitzung keine Energie und lenkst, entfernst oder manipulierst auch nicht die Energie des Klienten. Vielmehr öffnest du die Chronik des Klienten und bittest das Licht des Akasha, das wahre Wesen seiner Seele zu offenbaren, damit sich diese Person für die Dauer der Lesung (und bis zu einem gewissen Grad auch noch danach) selbst aus der Bewusstseinshöhe erleben kann, die die Chronik bietet. Als Leser »betätigst« du lediglich den Schalter, der diese Erleuchtung ermöglicht. Wenn du dann während der Lesung die Wahrheit aussprichst, intensiviert und beschleunigt sich das Licht der Chronik, und die Information wird über die Energie deiner gesprochenen Worte an deinen Klienten übermittelt. Sobald die Energie und die Information vom Bewusstsein und von der Physis deines Klienten ausreichend registriert wurden, bewirken sie eine Veränderung, eine Erweiterung und eine Öffnung, die Heilung auf den Ebenen fördert, auf denen sie notwendig ist: auf der mentalen Ebene, der physischen, der emotionalen, der spirituellen, der

Ich habe mich immer als Außenseiterin gefühlt und fragte mich ständig, wohin ich wohl gehöre. Auf meiner Suche nach meinem Platz im Leben las ich Selbsthilfe- und spirituelle Bücher, nahm Lesungen und Heilungen in Anspruch und lernte verschiedene spirituelle Verfahren kennen. Das alles hat zwar geholfen, aber es hat meine Sehnsucht nach Zugehörigkeit und innerem Frieden nie vollständig gestillt. Es war, als würde man eine offene Wunde verbinden – eine Wunde, die nicht heilen wollte und die unter neuen Bedingungen immer wieder aufreißen würde.

Ich war zunächst unschlüssig, ob ich lernen wollte, bewusst die Akasha-Chronik zu nutzen, weil ich intuitiv spürte, dass mich eine tiefgreifende Veränderung erwartete. Als ich jedoch zum ersten Mal Zugriff auf die Chronik hatte, war ich sofort von einem Gefühl der vollkommenen Zugehörigkeit und des Friedens erfüllt. Zum ersten Mal fühlte ich mich wirklich zu Hause. Heute bezeichne ich die Akasha-Chronik immer noch als mein Zuhause, und aufgrund dieser spirituellen Ressource verlasse ich mich weiterhin auf die

energetischen, der seelischen oder jeder beliebigen Kombination daraus.

Auch wenn dein Klient vielleicht nicht sofort erkennt, dass irgendeine Art von Heilung stattgefunden hat, verstehst du als Leser, dass die meisten Heilungen in der Chronik mit fast unmerklichen Öffnungen im Bewusstsein der Menschen beginnen. Diese Öffnungen führen dann zu grundlegenderen Veränderungen, die Menschen befähigen, ungesunde Gedanken und Gewohnheiten loszulassen und durch solche zu ersetzen, die ihr Leben erheblich bereichern. Und was diese Heilungen ermöglicht, ist in jedem Fall die Erkenntnis der Wahrheit, dass wir niemals von unserer Quelle der Schöpfung getrennt sind. Deshalb sind wir immer – in jedem Augenblick und allen irdischen Erscheinungen zum Trotz – gut, ganz, gesund und munter. Während wir uns einen Weg zu dieser Wahrheit auf Seelenebene bahnen, befinden wir uns in einem Zustand der Gnade, die kontinuierliche Heilung ermöglicht, wenn auch zunächst nur auf der subtilsten Ebene.

Was ist meine Rolle und welche Verantwortung trage ich als Lesungs-Praktiker der Akasha-Chronik?

Unterstützung der Liebe, Akzeptanz und Weisheit. Sie führen mich durch die Höhen und Tiefen des Lebens, und ich weiß immer, dass ich genau da hingehöre, wo ich gerade bin.

– Jeanette

Als Lesungs-Praktiker der Akasha-Chronik kannst du dich in der Rolle eines Restaurators von Kunstgegenständen sehen und deine Klienten als eigentlich kristallklare Gefäße, auf denen sich im Laufe der Jahrhunderte Staub angesammelt hat. Einige dieser Gefäße sind mit derart viel Staub bedeckt, dass ihre versteckte Schönheit nur schwer zu erkennen ist. Bei oberflächlicher Betrachtung mögen sie sogar unattraktiv oder fehlerhaft erscheinen. Sobald sie jedoch mit einem Ultraschallgerät gereinigt werden, wird der Staub abgerüttelt und ihre Perfektion sichtbar. Dies muss jedoch vorsichtig durchgeführt werden. Ein zu schnelles oder zu starkes Erhöhen der Schallwellen kann einige Gefäße beschädigen. Aber eine Erhöhung der Schwingung in genau der richtigen Geschwindigkeit wird den Staub sanft lösen und den Gefäßen ihre ursprüngliche Vollkommenheit zurückgeben.

Als Praktizierender der Akasha-Chronik besteht deine Rolle darin, zuerst die Übertragung von *Akasha-Energie* und dann die der entsprechenden *Informationen* zu ermöglichen. Diese Reihenfolge muss eingehalten werden, weil die Informationen von der energetischen Schwingung der Chronik transportiert werden. Indem du deine Klienten in dieser Energie »badest« und ihnen Informationen gibst, erlaubst du ihnen, »den Staub von sich abzuwaschen«, damit sie ihr wahres Selbst im Licht der Chronik sehen können.

Auch wenn dir deine Rolle bei oberflächlicher Betrachtung einfach vorkommen mag, ist die Vorbereitung darauf, ein guter Leser zu werden, von entscheidender Bedeutung und kann einige Zeit und Mühe erfordern. Deine persönliche Vorbereitung ist ein fortwährender innerer Prozess, während dem du dich selbst auf der Seelenebene verstehen lernst sowie deine eigene Ganzheit und dein Wohlbefinden auf dieser Ebene erkennen wirst.

Während du in deiner eigenen Chronik und in der Chronik anderer arbeitest, findet eine natürliche Heilung statt. Indem du dich bewusst, verantwortungsvoll und absichtlich in die Energie der Chronik begibst, setzt du diesen Heilungsprozess in Gang. Bei jeder Öffnung der Chronik umgeben und durchdringen dich Frieden, Liebe, Licht und Herzensgüte und erfüllen dich und dein Energiefeld mit der höheren Qualität der Akasha-Lebenskraft. Dabei beschleunigen sich die energetischen Schwingungen sowohl in dir als auch um dich herum, und alle Schwingungen, die bereit sind, sich schneller zu bewegen, werden dies tun. Dann erlebst du diese beschleunigten Schwingungen als Hochgefühle und geschärfte Sinne.

Wann immer du auf die Akasha-Chronik zugreifst, trifft die Akasha-Energie auf deine menschliche Energie und bewirkt eine Art »Zündung«, weil das Licht des Akasha (das extrem schnell und fein, aber unzerstörbar ist) auf deine langsamere, schwerere menschliche Energie trifft. Wenn dies geschieht, verbinden sich die leichteren Energien, um eine schnellere Schwingung zu erzeugen. Und die schwereren, dichteren Energien, die mit negativen Emotionen und sich wiederholenden Gedankenmustern in Verbindung stehen, fallen weg und werden vom Energiefeld der Erde absorbiert. Dort werden sie in Energiemuster umgewandelt, die auf der physischen Ebene nützlicher sind. Allein dadurch, dass du in der Chronik bist, bekommst du eine »energetische Einstimmung«, die dir hilft, deine eigene Energie zu verfeinern und zu erhöhen und deinen Klienten effektiver zu dienen.

Wie ich bei der Erklärung des Pathway-Gebets erklärt habe, beginnt die Schnittstelle zwischen Akasha-Energie und menschlicher Energie etwa 45 Zentimeter über deinem Kronenchakra, bei deinem achten Chakra. An diesem Punkt fließt die Akasha-Energie durch eine Röhre oder Lichtsäule, über die sie sich in deine unendliche, innere Dimension bewegt. Diese Dimension verbindet dich mit dem Universum, und zwar über die Person, die du in diesem Leben bist. In dieser Dimension kannst du deine aktuelle emotionale Verfassung ebenso finden wie die Strukturen und Muster deines denkenden Geistes, die Ressourcen deines Willens, deine Träume, deine Seele, deine Beziehung zum Göttlichen und alle anderen Teile deines Selbsts, von denen du zwar weißt, dass sie wahr sind, die du aber mit deinen physischen Augen nicht sehen kannst.

Ob sich deine schwereren, dichteren Energien nun beschleunigen oder zerfallen, in anderen Situationen werden sie immer zum Guten eingesetzt. Keine Energie, ob sie nun als »positiv« oder »negativ« identifiziert wird, geht jemals verloren oder wird verschwendet. Jeder atomare Lichtpunkt ist am richtigen Ort nützlich. Und das Licht des Akasha erleichtert die Zuweisung der Energie zum jeweils richtigen Ort im Universum. Wir Menschen registrieren diese Erfahrung normalerweise als emotionale oder mentale Veränderung. Bei emotionalen Veränderungen werden die dichteren, langsameren Energien, die sich als Traurigkeit, Angst, Verzweiflung, Groll, Wut und Frustration zeigen, in höhere, schnellere Energien umgewandelt, die sich als Glück, Zufriedenheit, Freiheit und Freude darstellen. Indem du in der Chronik präsent bist, selbst wenn du für jemand anderen liest, kannst du eine solche Veränderung erleben. Wenn du vor dem Öffnen der Chronik traurig oder unsicher wegen etwas warst, stellst du möglicherweise fest, dass du nach der Lesung plötzlich Klarheit und Hoffnung hast. Und wenn du angesichts einer bevorstehenden Entscheidung verwirrt warst, weißt du vielleicht plötzlich, was zu tun ist.

Bisher habe ich deine Vorbereitung zur Praktizierenden oder zum Praktizierenden thematisiert, wie sie durch die Akasha-Chronik erfolgt. Es gibt jedoch noch eine andere Art der Vorbereitung, die deine aktive und bewusste Teilnahme erfordert. Um effektive Arbeit in der Chronik zu leisten und der beste Leser zu werden, der du sein kannst, musst du Verantwortung dafür übernehmen, wer du bist, wo du im Leben stehst und

> In der Akasha-Chronik zu arbeiten hat mein Leben nicht nur zum Besseren verändert, sondern es buchstäblich gerettet. Heute bin ich glücklich und frei und habe verstanden, wer ich bin und warum ich hier bin. Meinen Meistern, Lehrern und Angehörigen und der Energie der Chronik selbst werde ich ewig dankbar sein.
>
> *– Paul*

wie du das Leben meisterst, das du führst. Je mehr Verantwortung du übernimmst, um deine persönlichen Probleme zu lösen und sie aus deinem Geist und deinem Körper zu löschen, desto mehr Raum schaffst du in dir selbst, um mehr Licht und Gesundheit aufzunehmen.

Um es ganz klar zu sagen: Die Übernahme von Verantwortung für sich selbst sollte nicht damit verwechselt werden, die Schuld für die Überzeugungen und Taten anderer auf sich zu nehmen. Du bist nur für dich selbst verantwortlich und dafür, das Beste zu tun, was du tun kannst. Verantwortung zu übernehmen bedeutet in diesem Zusammenhang also, dein Leben ohne Vorwürfe zu akzeptieren und zu verstehen, dass hinter allem eine göttliche Absicht steht, auch wenn dies nicht immer offensichtlich ist. Somit ist Akzeptanz weder ein Zeichen für Resignation noch für Niederlage. Wohl kaum. Vielmehr bedeutet sie, an einem Ort des Friedens anzukommen und sich selbst sagen zu können: *Das bin ich, und das ist mein Leben. Ich werde ändern, was ich ändern kann, und loslassen, was ich nicht ändern kann. Wie es auch kommt, ich gebe mein Bestes. Und indem ich als Einzelner mein Bestes gebe, trage ich zum höchsten Wohl aller bei. Ich brauche mich nicht mehr an jemand anderen zu wenden, um die Dinge für mich zu verbessern. Ich übernehme die Verantwortung für mein Leben und treffe Entscheidungen für mich. Und ich werde die Ergebnisse dieser Entscheidungen genießen, solange ich hier auf dieser Erde bin.*

Um an einen Ort des Friedens und der persönlichen Verantwortung zu gelangen, musst du nach innen schauen und die Denk-, Gefühls- und Verhaltensmuster ausfindig machen, die dir Schmerzen bereitet haben. Glücklicherweise hilft dir dabei die Akasha-Chronik. Unter Anleitung deiner Meister, Lehrer und Angehörigen kannst du geschützt prüfen, wer du bist, und dir mit ehrlichem Blick die Bereiche anschauen, an denen du noch arbeiten musst. Dann kannst du anfangen, Veränderungen in deinem Leben vorzunehmen, die deine neue spirituelle Ausrichtung unterstützen. Du kannst dich dafür öffnen, mehr Licht aufzunehmen, und dir erlauben, von einem Ort des Mitgefühls und der Gnade aus zu leben.

Wie du bei der Arbeit in der Chronik feststellen wirst, erfährst du die größte Erleichterung, die größte Freiheit, die größte Freude und den größten Frieden, indem du deine Aufmerksamkeit von anderen abziehst. Achte nicht mehr darauf, was sie getan oder nicht getan haben, und prüfe stattdessen dich selbst. Wenn du dich fragst: *Wie habe ich reagiert? Welchen Anteil habe ich an dieser Situation? Warum hindere ich mich daran, freundlich und liebevoll zu sein?*, wirst du allmählich Möglichkeiten entdecken, dich selbst zu heilen.

Selbstfindung und Heilung sind kontinuierliche Prozesse. Er ist wie eine Schule, die man das ganze Jahr über besucht, und in dieser Lebensschule gibt es Ebbe und Flut. Es gibt Zeiten, in denen du dich friedlich und glücklich und frei fühlst. Zu anderen Zeiten steckst du in alten Glaubenssätzen und Verhaltensweisen fest und hast das Gefühl, kaum voranzukommen. Solche Zeiten sind für alle Menschen unvermeidlich. Suche dir einfach einen ruhigen Ort, und öffne deine Chronik. Deine Meister, Lehrer und Angehörigen werden dich gern unterstützen und dir helfen, Harmonie und Gleichgewicht wiederherzustellen.

Durch meine Arbeit in der Chronik habe ich mich selbst kennengelernt. Das Leben ist voller Bedeutung und Bestimmung und Klarheit, und doch ist es wundersam und geheimnisvoll. Mein Leben war von Distanziertheit und existenziellem Druck dominiert, was durch meine Arbeit in der Chronik besser wurde. Es fällt mir mittlerweile sehr viel leichter, Menschen so zu akzeptieren, wie sie sind, und ich habe nicht mehr so sehr das Gefühl, es sei meine Aufgabe, sie in Ordnung zu bringen. Mein Urteilsvermögen, das wie eine Mauer zwischen mir und anderen stand, hat sich entspannt. Es ist immer noch da, aber anstatt aggressiv und kritisch, ist die damit verbundene Energie jetzt akzeptierend und freundlich.

– Homa

Manchmal kann diese Arbeit überwältigend erscheinend, aber sie ist notwendig, um ein verantwortungsvoller Akasha-Leser zu sein. Wenn du auf diesem Weg der persönlichen Verantwortung weitergehst, wird dein Verständnis und die Liebe für dich selbst und andere stetig wachsen. Diese Eigenschaften strahlen durch dich hindurch und machen dich zu einem Leuchtturm des Lichts und der Heilung für jeden, dem du begegnest. Deine Fähigkeiten und dein Erfolg als Akasha-Praktizierender hängen von deiner Beziehung zu dir selbst ebenso ab wie von deinem eigenen Heilungsprozess und deiner Bereitschaft, dich von den Kräften des Lichts führen zu lassen. Während du diese Dinge tust, erkennst du dein Potenzial, Liebe und Wohlwollen in deine Welt auszustrahlen und anderen durch deine Akasha-Lesungen auf ganz natürliche Weise mit Verständnis, Freundlichkeit und Kraft zu begegnen und zu helfen.

Wenn du in der Chronik tiefer bis zur Energieheilung vordringst, wirst du feststellen, dass deine Ebene der persönlichen Vorbereitung über deine Fähigkeit bestimmt, den Weg frei zu machen, damit sich Heilung für deine Klienten am effektivsten einstellen kann. Du wirst auch entdecken, dass dein Wissen und deine Erkenntnisse über den *Prozess selbst* die Heilung deiner Klienten begünstigen. Dafür gibt es mehrere Gründe:

- Wenn du deine eigene Energieheilungsarbeit in der Chronik durchführst, erfährst du aus erster Hand, wie der Prozess funktioniert. Wenn dir die drei Ebenen der Energieheilung (die wir gleich besprechen werden) immer vertrauter werden, wirst du die energetischen Veränderung jeder Ebene schneller erkennen. Deine Fähigkeit, diese Veränderung im Rahmen deiner eigenen Lesungen zu erkennen, wird dir helfen, sie auch in den Lesungen für andere zu erkennen. Du kannst deinen Klienten also helfen, die beschleunigte Energie des Lichts leichter aufzunehmen und seine heilende Schwingung besser zu verankern.
- Während deiner Energieheilungsarbeit in der Chronik lernst du, dem Prozess zu vertrauen und was dir hilft, dir nicht mehr selbst im Weg zu stehen. Erinnerst du dich an den Teil des Eröffnungsgebets, in dem es heißt: »Beschütze mich vor allen Formen der Selbstzentriertheit, und lenke meine Aufmerksamkeit auf die Arbeit daran«? Wenn du Vertrauen in den Vorgang hast und in deine Fähigkeit, ihn anzuwenden, wirst du in der Lage sein, im Licht standhaft zu bleiben und dich auf deinen Klienten zu konzentrieren, ohne von unnötigen Sorgen oder Ängsten abgelenkt zu werden.

- Apropos dir nicht selbst im Weg stehen: Die eigene Energieheilungsarbeit in der Chronik ist die schnellste Möglichkeit, eine reine Bewusstseinshöhe zu entwickeln. Eine gut entwickelte Bewusstseinshöhe hilft dir, dich von deinem eigenen »Staub« zu befreien, vom Beurteilen, von Einstellungen und Reaktionen – sowohl in der Chronik als auch außerhalb davon.
- Kommen deine persönlichen Gefühle während einer Lesung an die Oberfläche, wird der freie Fluss des Lichts gestört und deine Fähigkeit blockiert, die Wahrheit der Seelenebene über eine Person oder Situation zu erkennen. Doch wenn du deine eigenen Urteile ausgeräumt hast und die Wahrheit über *dich selbst* weißt, ist es viel leichter, die Wahrheit über jemand anderen zu erkennen. Statt eine Person also mit deinem menschlichen Bewusstsein von einem menschlichen Standpunkt aus zu verurteilen, kannst du dir selbst sagen: *Weil ich die göttliche Natur dieser Seele so gut kenne wie ich meine eigene, weiß ich, dass Herzensgüte und Ganzheit in dieser Person vorhanden sind. Ich folge dem Licht, bis ich die wahre Essenz dieser Seele sehe und diesem Menschen helfen kann, sie auch zu erkennen.* In gewisser Weise ist dieser Prozess wie das Graben nach Gold: Wenn du sicher bist, dass es da ist, gräbst du weiter, weil du weißt, dass du mehr findest, wenn du tiefer gräbst. Aber wenn du mit »der falschen Ausrüstung« arbeitest, wird es sehr viel schwieriger – wenn nicht sogar unmöglich.

Fassen wir das bisher Gesagte zusammen: Deine Rolle als praktizierender Leser der Akasha-Chronik besteht darin, die Energie und die Information der Chronik zu nutzen, um auf der Seelenebene die Wahrheit deiner eigenen Essenz sowie die deiner Klienten zu erkennen. Wenn du dann eine Lesung hältst, wird dieses Erkennen auf der Seelenebene die Energie deines Klienten steigern und seine Sichtweise verändern, sodass auch er die Wahrheit erkennen kann. Dann kann Heilung stattfinden. Darin besteht deine Rolle, und das ist dein Ziel – aber möglicherweise leider nicht das gesetzte Ziel der Klienten, für die du diese Lesung machst!

Obwohl alle Seelen auf der Basisebene den Wunsch haben, ihre Ganzheit und ihre Einheit mit der gesamten Schöpfung zu erfahren, sind sich nicht alle Menschen, die wegen einer Lesung zu dir kommen, dieses Wunsches bewusst. Mit anderen Worten, sie »spüren die Liebe«– für sich selbst oder andere – gerade nicht. Wenn du also beispielsweise eine Lesung für »Joe« machst und ihm sagst, wie liebenswert er ist (denn das entspricht seiner wahren Essenz, wie sie von seinen Meistern, Lehrern und Angehörigen offenbart wird), findet er deine Aussage vielleicht so beunruhigend, dass er sie in einer ersten instinktiven Reaktion ablehnt. Er könnte auch behaupten, es sei nicht wahr. Besonders wenn er dich wegen eines Rats zu einem »Fehler«, den er in seinen Augen begangen hat, aufsucht, denkt er in diesem Moment alles andere als positiv und freundlich über sich selbst. Die Akasha-Informationen, die du mit Joe teilst, werden also nicht mit dem übereinstimmen, was er über sich selbst »weiß«, und er wird sie energetisch nicht annehmen können.

Was machst du in einer solchen Situation? Lass dich vor allem nicht aus der Ruhe bringen. Es ist in Ordnung. Joe ist in Ordnung. Du bist in Ordnung. Erkenne die Wahrheit hinter Joes Reaktion, und lass dich nicht aus dem Licht in deine eigenen Gedanken, Ängste und Urteile werfen. Sei vielmehr einen Moment lang ganz still. Atme tief ein, trinke einen Schluck Wasser und/oder sprich den stillen Teil des Gebets noch einmal für dich. *(Hilf mir, »Joseph Alan Woodside« im Licht der Akasha-Chronik zu erkennen, »Joseph Alan Woodside« mit den Augen der Herren der Chronik zu sehen, und befähige mich, die Weisheit und das Mitgefühl zu teilen, die die Meister, Lehrer und Angehörigen von »Joseph Alan Woodside« für ihn haben.)* Du kannst dieses Gebet auch auf *Hilf mir!* verkürzen und darauf vertrauen, dass dich Joes Meister, Lehrer und Liebe im Licht zentrieren, damit du ihren Rat annehmen kannst.

In einem solchen Moment ist es äußerst wichtig zu verstehen, dass dies vielleicht das erste Mal seit einer ganzen Weile ist, dass Joe Gutes über sich selbst hört. Und vielleicht ist er wegen der Diskrepanz in der Wahrnehmung so erschüttert, dass er das, was wahr ist, weder akzeptieren will noch akzeptieren kann. Auf einer Ebene könnte er beispielsweise das Gefühl haben, dass du an seinem »bequemen« und vertrauten Selbstbild herumpfuschst. Es ist, als würde er in einen Spiegel schauen und natürlich das altbekannte Bild erwarten, doch was du ihm spiegelst, ist ihm so fremd, dass er es geradezu beängstigend findet. Auf einer anderen Ebene spürt Joe vielleicht, dass du mit dem laserähnlichen Licht des Akasha Löcher die von ihm errichtete Fassade punktierst, damit er seine mangelnde Bereitschaft,zu verstehen, zu vergeben, zu verändern, zu entscheiden, zu heilen und in seinem Leben voranzukommen, selbst erkennt ... Aber er ist wegen einer Lesung hier, oder nicht? Obwohl der Mensch Joe schreit und um sich schlägt, ist die ewige Seele, die derzeit als Joseph Alan Woodside bekannt ist, aufgetaucht, um ihn zu heilen. Diese mutige Seele ruft um Hilfe, weil sie es allein nicht schafft, und du folgst diesem Ruf. Und in genau solchen Momenten ist deine persönliche Heilarbeit in der Chronik eine große Unterstützung für dich als praktizierender Akasha-Leser. Dies ist auch der Zeitpunkt, zu dem du ins Spiel bringen musst, was ich »die drei Ebenen der Heilung in der Akasha-Chronik« nenne.

Die drei Ebenen der Heilung in der Akasha-Chronik

Die dauerhafte Lösung eines Problems erfordert eine ständige Entwicklung der Seele. Mit anderen Worten: Damit die Menschen irgendeine Art von Heilung in der Chronik erfahren können, müssen sie zunächst eine dauerhafte Veränderung in der Art und Weise ihrer Selbstwahrnehmung erleben. Dann kann diese neue Wahrnehmung schließlich zu einer Veränderung in ihrer Art, mit sich selbst umzugehen, führen. Aber manchmal, wie in Joes Fall, können Menschen diese Veränderungen nicht erfahren, außer du als praktizierender Akasha-Leser führst sie durch die drei Ebenen der Heilung: *Die Geschichte aus Sicht des Klienten verstehen, Ursachen und Umstände ausfindig machen* und *Die Wahrheit auf der Seelenebene erkennen.*

Ebene 1: Die Geschichte aus Sicht des Klienten verstehen

Diese erste Heilungsebene ist die des Problems und seiner körperlichen Manifestationen. Menschen kommen üblicherweise wegen einer Lesung zu dir, weil sie eine Situation oder ein Problem nicht alleine lösen können. Sie sind vielleicht verärgert, wütend, verletzt, verwirrt oder sogar verzweifelt – und du bist vielleicht ihre letzte Option. Nachdem du die Chronik eines Klienten geöffnet hast, solltest du dir zuerst seine Geschichte anhören. Erlaube deinem Klienten, das Problem so zu beschreiben, wie er es derzeit sieht – was es ist, wie und wann es begann, wer sonst noch beteiligt ist und welche Komplikationen es mitgebracht hat. Akzeptiere die Person und ihre Geschichte ohne Vorurteile oder vorgefasste Meinungen, während du zuhörst, denn du weißt, dass dieser Mensch sein Bestes gegeben hat. Du weißt auch, dass das Erzählte die vorübergehende Wahrheit dieser Person ist, erzählt aus ihrer menschlichen Sicht und nicht unbedingt die Wahrheit auf der Seelenebene.

Da sich Energie über das gesprochene Wort ausbreitet, ist die verbale Anerkennung des Problems durch deinen Klienten der erste Schritt im Heilungsprozess. Hier ein Beispiel dafür, wie das funktioniert:

Nehmen wir an, »Jillian« kommt wegen einer Lesung zu dir. Nachdem du ihren aktuellen offiziellen Namen erfahren hast, sprichst du das Eröffnungsgebet, um Zugang zu Jillians Akasha-Chronik zu erhalten. Sobald ihre Chronik geöffnet ist, sagst du: »Ich sehe, dass du aufgebracht bist. Kannst du mir sagen, was los ist?« Jillian erklärt dann, dass sie verstört und überfordert ist, weil sie mitten in einer langwierigen Scheidung steckt. Sie ist wütend und verbittert und hält es nicht mehr aus. Dann beschreibt sie die Einzelheiten der Scheidung, unter anderen, wie und warum das Verfahren begann und wie sich die Scheidung auf ihr Leben auswirkt.

Während Jillian spricht, ist es deine Aufgabe, dir ihre Geschichte anzuhören und sie aus ihrer Sicht zu verstehen. Anstatt über Jillian, ihren Ehemann oder den Scheidungsprozess selbst zu urteilen, bleibst du ganz bei ihr und ihrer Geschichte. Projiziere nicht deine eigenen

Erfahrungen auf Jillian, und vergleiche sie nicht mit jemandem, den du kennst. Sitze einfach da, höre zu, und sei der weit geöffnete Kanal, der für die Dauer der Lesung den Empfang und die Übertragung von Informationen ermöglicht.

Es mag den Anschein haben, als passiere auf dieser Ebene von Jillians Lesung nichts Bedeutendes. Doch wenn sie dir ihre Geschichte erzählen kann und du ohne Urteil zuhören kannst, beginnt die erste Phase der Heilung. Folgendes passiert: Indem du Jillians Chronik öffnest, drückst du die »Akasha-Türklingel« und bittest das Akasha, in dein Bewusstsein einzutreten und dich und Jillian mit Licht zu umgeben. Dann initiierst du die Heilung, indem du Jillian bittest, dir ihre Geschichte zu erzählen. Wenn sie zu sprechen beginnt, intensiviert und beschleunigt die Energie ihrer Worte die Schwingungen des Akasha-Lichts. Je länger du Jillian mit Mitgefühl und Verständnis zuhörst, desto schneller erlaubst du dem Licht, seine Arbeit zu tun, und desto schneller erlaubt ihr euch beide, mit der beschleunigten Schwingung des Lichts in Resonanz zu treten. Sobald diese Beschleunigung eintritt, bekommt ihr die energetische »Starthilfe«, die ihr braucht, um auf Ebene 2 zu gelangen.

Ebene 2: Ursachen und Umstände ausfindig machen

Auf dieser Heilungsebene bewegst du dich im Bereich der Ursachen und Umstände. Nachdem ein Klient sein Problem beschrieben hat, kannst du die Chronik bitten, die entsprechenden Ursachen und Umstände offenzulegen. Manchmal ist eine Ursache körperlicher Natur, beispielsweise wenn jemand mit einer bestimmten Krankheit geboren wurde oder an Krebs erkrankt ist, nachdem er viele Jahre lang mit Asbest gearbeitet hat. Eine Ursache kann aber auch mental oder emotional sein, wie im Fall von jemandem, der eine bestimmte Überzeugung oder Einstellung hat, die Dinge passieren lässt oder verhindert. Oder die Ursache kann »unsichtbar« sein und auf bestimmte vererbte Erfahrungen, Entscheidungen, Überzeugungen oder Einflüsse aus dem Vorleben zurückgehen.

Manche Probleme können auf Ebene 2 geheilt werden, wenn es lediglich an Informationen über ihre Ursache oder die Umstände mangelt. Anders gesagt: Wenn ein Mangel an Einsicht das Problem ist, sind Informationen die Lösung. Beispielsweise erzählt »Larry« auf Ebene 1 einer Lesung von seiner chronischen Kehlkopfentzündung, deren Ursache seine Ärzte nicht feststellen und die sie auch nicht heilen konnten. Also bittest du Larrys Meister, Lehrer und Angehörigen, den Ursprung seines Problems aufzudecken. Sie zeigen dir ein früheres Leben, in dem die Seele, die jetzt als Larry bekannt ist, gehängt wurde, weil sie ihre Überzeugungen öffentlich kundgetan hatte. Du gibst die Details dieser Erfahrung genau so an Larry weiter, wie du sie empfängst. Als du fertig bist, sagt Larry: »O Mann! Jetzt verstehe ich es! Diese Kehlkopfentzündung begann vor ein paar Jahren nach einer Protestkundgebung, die ich organisiert hatte. Zuerst habe ich mir die Schuld an dem Problem gegeben. Ich dachte, ich hätte an dem Tag zu viel geschrien und meine Stimmbänder beschädigt. Aber als die Ärzte mich untersuchten, konnten sie nichts feststellen. Jetzt erkenne ich die Wahrheit: Meine latente Angst, gehängt zu werden, wenn ich meine Meinung öffentlich äußere, hat dazu geführt, dass ich an diesem Tag meine Stimme verlor – sowohl buchstäblich als auch im übertragenen Sinne. Es war nämlich die letzte Kundgebung, die ich organisiert oder an der ich teilgenommen habe.«

Für Larry ist dieser Moment der Wahrheit alles, was er für seine Heilung braucht. Er erkennt, dass er seine Angst, zu seinen Überzeugungen zu stehen, loslassen kann, weil er weiß, dass er in diesem Leben nicht für ihre öffentliche Kundgebung gehängt wird. Diese Akasha-Informationen, die durch die Energie *deiner* Stimme übermittelt werden, machen Larry bewusst, dass es kein Problem mit ihm oder *seiner* Stimme gibt. Er lässt seine Angst los und findet Frieden. Und mit der Zeit gewinnt er nicht nur seine körperliche Stimme zurück, sondern auch den Mut, sich auf künftigen Kundgebungen zu äußern.

Auch wenn die auf Ebene 2 offenbarten Informationen äußerst hilfreich sein können – und manchmal alles sind, was eine Person braucht, um ein Problem zu lösen, wie in Larrys Fall –, werden sie als vergängliche Wahrheit angesehen, weil eine bestimmte Seele im Kontext einer früheren menschlichen Inkarnation gesehen wird und nicht ihre wahre Essenz als ewiges göttliches Wesen.

Wenn die auf dieser Ebene offenbarten Informationen nicht ausreichen, um das Problem zu lösen oder auch nur abzumildern, ist es an der Zeit, sich auf Ebene 3 zu begeben.

Ebene 3: Die Wahrheit auf der Seelenebene erkennen

Während es auf Ebene 1 darum geht, dass deine Klienten gehört werden, geht es auf Ebene 3 darum, dass sie *erkannt* werden. Ebene 3 ist die Domäne der grundlegenden, dauerhaften Wahrheit auf der Seelenebene. Es ist die Ebene, auf der du als Lesender eine Person so sehen kannst, wie sie in der Akasha-Chronik gesehen, erkannt und geliebt wird. Die Arbeit auf dieser Ebene macht es dir möglich, den Bereich der weltlichen irdischen Probleme der Person zu transzendieren und dich in die Gefilde des göttlichen Bewusstseins zu begeben. Auf dieser Ebene kannst du sehen, dass alles, was ein Klient gerade erlebt – Drogenabhängigkeit, Krankheit, Scheidung, die Folgen eines Unfalls –, in Wirklichkeit perfekt und notwendig ist, weil es der richtige Katalysator ist, um das Seelenwachstum dieses Klienten zu ermöglichen.

Kommen wir noch einmal auf Joe zurück. Wenn du auf dieser Ebene mit ihm sprichst, sagst du ihm vielleicht, dass seine Meister, Lehrer und Angehörigen wissen, was für eine starke und mutige Seele er ist, weil er eine so schwierige Lektion oder einen so schwierigen Weg gewählt hat. Auch wenn er sich nach wie vor sträubt, vom Guten in sich zu hören, weil er immer noch Probleme hat, die Wahrheit zu sehen, wirst *du* keine Probleme haben, Joe als die großartige Seele zu sehen, die er ist. Du wirst auch keine Schwierigkeiten haben zu verstehen, dass Joe das Potenzial und die Mittel zur Veränderung in sich trägt – selbst wenn er denkt, sein »Gefäß« sei getrübt oder fehlerhaft. Wenn Joe »seinen Staub« also gerade nicht »abschütteln« kann, dränge ihn nicht. Aus irgendeinem Grund hat er das Bedürfnis, daran festzuhalten. Es könnte Joe tatsächlich schaden, den Prozess jetzt zu beschleunigen oder zu erzwingen. Anstatt ihn also dafür zu verurteilen, dass er sich fühlt, wie er sich fühlt, erzähle ihm einfach die Wahrheit, die seine Chronik enthüllt.

Du könntest ihm zum Beispiel sagen, dass seine Meister, Lehrer und Angehörigen wissen, dass er viel mehr als sein physischer Körper und seine Umstände ist, dass seine Seele niemals krank sein kann, und dass er immer mit Gott und der ganzen göttlichen Schöpfung verbunden ist, auch wenn er sich gerade ziemlich weit von Gott entfernt fühlt. Aus energetischer Sicht dehnt sich das aus, worauf wir uns konzentrieren, und indem du Joe erlaubst, sich auf diese Wahrheiten zu konzentrieren, gibst du ihm die Möglichkeit, sein Herz zu öffnen und seine Sicht auf sich selbst zu erweitern.

Wenn du mit Joe sprichst, denke immer daran, dass die Energie der Akasha-Chronik durch den Klang deiner Stimme übertragen wird. Du musst die Energie nicht lenken. Das Licht geht dorthin, wo es hingehen muss, und beschafft, was beschafft werden muss. Solange du von der Wahrheit über Joe erzählst, wird er auf ihre Schwingung reagieren und seine Heilung empfangen – selbst wenn das bedeutet, Frieden mit seiner vorübergehenden menschlichen Krankheit oder Unvollkommenheit zu schließen und zu verstehen, dass es manchmal die Krankheit oder Unvollkommenheit selbst ist, die zur tiefsten Seelenheilung führt und zu der reichsten Erfahrung, nämlich Gott kennenzulernen.

Wenn du Ebene 3 verlässt und dich darauf vorbereitest, die Chronik zu schließen, darfst du nicht vergessen, dass Auswirkungen einer Lesung nie in deiner Hand liegen. Deine Verantwortung beginnt und endet damit, dass du geistig so leistungsfähig wie möglich bist, um die Integrität der Chronik zu wahren und jede Seele auf ihrer Reise zu unterstützen. Was deine Klienten mit dem anfangen, was du ihnen gibst, liegt ganz bei ihnen. Manche Klienten gehen nach der Lesung möglicherweise nach Hause und vergessen sie sofort wieder. Andere nehmen die Informationen in sich auf und wenden sie erst im Laufe der Zeit im Rahmen ihrer Möglichkeiten an. Wieder andere springen nach der Lesung auf und beschließen just in diesem Moment, ihr Leben zu ändern. Noch einmal: Wofür auch immer sie sich entscheiden, du hast keine Kontrolle darüber. Indem du dich von der Überzeugung verabschiedest, irgendetwas in der Hand zu haben, »schützt du dich vor sämtlichen Formen der Selbstzentriertheit«. Halte stattdessen an dem Glauben fest, dass es jeder Mensch auf irgendeiner Ebene genau zur richtigen Zeit »kapiert« – wenn nicht in diesem Leben, dann im nächsten … oder im übernächsten … oder in dem danach.

Wie erkenne ich die drei Ebenen der Heilung?

Die folgenden Übungen werden dir helfen, dich mit den drei Ebenen der Heilung in der Chronik vertraut zu machen. In der ersten Übung geht es um die Arbeit in deiner eigenen Akasha-Chronik. Die zweite Übung beschreibt, wie man zusammen mit jemand anderem in der Chronik arbeitet.

Hinweis: Obwohl ich jede Übung in drei separate Lesungen aufgeteilt habe, um dir das Lernen zu erleichtern, sollen alle drei Ebenen im Rahmen einer einzigen Lesung vorkommen.

Übung: Die drei Ebenen der Heilung (bei der Arbeit in deiner eigenen Akasha-Chronik)

Ebene 1: Erzähle deine Geschichte aus deiner Sicht

1. Denke an ein Thema, das für dich gerade »lebendig« ist und bei dem du gern ein wenig Hilfe hättest.
2. Nutze das Pathway-Gebet auf Seite 81 f., um auf deine eigene Akasha-Chronik zuzugreifen.
3. Erzähle deinen Meistern, Lehrern und Angehörigen deine Geschichte. (Schreib sie auf oder erzähle sie laut, je nachdem, was

für dich einfacher ist.) Wenn du das Problem aus deiner Sicht beschreibst, nenne Details dazu, wie und wann es begann, wer beteiligt ist, welche Auswirkungen es bisher hatte und zu welchen Komplikationen es geführt hat.

4. Halte in der Beschreibung deines Problems ab und zu inne und stelle dir folgende Fragen:
   - Wie denke ich gerade über mich? Verurteile ich mich irgendwie? (Ich bin gut/ich bin schlecht. Ich habe recht/ich habe unrecht. Ich hätte das nicht denken, sagen oder tun sollen, oder zumindest nicht auf diese Weise.)
   - Wie denke ich über das Problem oder die Situation? Beurteile ich es oder sie irgendwie? (Das ist blöd. Das ist verrückt. Das ist falsch. Es macht mich jeden Tag unglücklich. Das hätte nie passieren dürfen. Oder: Ich hatte völlig recht mit dem, was ich getan habe. Alle anderen haben unrecht!)
5. Wenn du merkst, dass du in irgendeiner Weise wertest, bitte deine Meister, Lehrer und Angehörigen, dir zu der Erkenntnis zu verhelfen, dass du in diesem besonderen Moment kein vollständiges Bild des Problems hast und dich selbst oder andere nicht als das siehst, was ihr wirklich seid. Bitte deine Meister, Lehrer und Angehörigen auch, dir zu der Erkenntnis zu verhelfen, dass deine Situation weder gut noch schlecht ist. Sie *ist* einfach. Auch deine Gefühle über dich selbst und die Situation sind weder gut noch schlecht. Sie *sind* einfach. Natürlich sind sie! Und wie sie auch sind, zu diesem Zeitpunkt sind sie in Ordnung. Also erzähle deine Geschichte zu Ende, ohne zu urteilen.
6. Wenn du deine Geschichte zu Ende erzählt hast, wirst du wahrscheinlich eine Veränderung spüren. Es mag sich wie ein Seufzer der Erleichterung anfühlen, als habe das urteilsfreie Schildern deines Problems dir geholfen, eine Last von deiner Brust zu nehmen – buchstäblich seine schwere Energie aus deiner Herzgegend zu entfernen. Und jetzt kannst du ein wenig leichter atmen. Du fängst auch an, dich selbst und dein Problem aus einem breiteren, mitfühlenderen Blickwinkel zu sehen.

7. Sprich in diesem Zustand des erweiterten Bewusstseins das Schlussgebet auf Seite 82 und verlasse deine Akasha-Chronik.

Ebene 2: Ursachen und Umstände ausfindig machen

1. Rufe dir das Problem oder die Situation, die du auf Ebene 1 beschrieben hast, noch einmal ins Gedächtnis. (Wenn du aufgeschrieben hast, was du zu deinem Problem erzählen wolltest, möchtest du vielleicht deine Notizen zurate ziehen.) Nutze dann das Pathway-Gebet auf Seite 81 f., um deine Akasha-Chronik zu öffnen.
2. Bitte deine Meister, Lehrer und Angehörigen, dir die Ursache deines Problems zu zeigen. Wenn du eine kleine Starthilfe brauchst, sind hier ein paar Fragen, die du stellen kannst:
   - Hat das Problem in diesem Leben begonnen? Wenn ja, was war die Ursache? (War es angeboren oder umfeldbedingt? War es etwas, das ich getan oder gesagt habe? War es eine Meinung oder Überzeugung, die ich hatte oder immer noch habe? War es etwas, das ich nicht sehe?)
   - Welche Lektion kann mich dieses spezielle Problem lehren, und wie unterstützt es das Wachstum meiner Seele?
   - Welche anderen Informationen könnt ihr mir geben, die mir helfen, meine aktuelle Sichtweise zu ändern und mich in Richtung Lösung und Heilung zu bewegen?

   Oder:
   - Hat mein Problem in einem anderen Leben begonnen? Wenn ja, könnt ihr mir die Ursachen und Umstände zeigen?
   - Wie und warum habe ich das Problem in mein jetziges Leben mitgenommen?
   - Wenn das Problem seinen Zweck erfüllt hat, wie kann ich es loslassen?
   - Wenn ich in diesem Leben noch an dem Problem arbeiten muss, was muss ich wissen oder tun, um mit der Auflösung beginnen zu können?

3. Wenn dir deine Meister, Lehrer und Angehörigen die Ursache deines Problems offenbaren, hast du möglicherweise einen »Aha-Moment«, der dir hilft, deine Sichtweise drastisch zu verändern und dich in Richtung Heilung zu bewegen. Wenn du das Gefühl hast, diese Veränderung ausreichend registriert zu haben, blätterst du zurück zu Seite 82 und schließt deine Akasha-Chronik.

   Oder:
4. Wenn es dir schwerfällt, zu verstehen oder zu akzeptieren, was deine Meister, Lehrer und Angehörigen sagen, dann müh dich nicht ab. Schließe einfach deine Akasha-Chronik, bleib eine Weile sitzen, und lass die Informationen auf dich wirken. Du bekommst eine weitere Chance, dir Klarheit zu verschaffen, wenn du deine Chronik auf Ebene 3 öffnest.

Ebene 3: Erkenne die Wahrheit auf der Seelenebene

1. Nutze das Pathway-Gebet auf Seite 81 f., um deine Akasha-Chronik zu öffnen.
2. Rufe dir deine Lesung auf Ebene 2 ins Gedächtnis. Wenn die Energie und die Informationen aus dieser Lesung deine Sichtweise verändern und deine Heilung verankern konnten, bittest du deine Meister, Lehrer und Angehörigen, dir zu zeigen, wie du in der Chronik gesehen, erkannt und geliebt wirst. Mit anderen Worten: Bitte sie, dir das wahre Wesen deiner Seele so zu zeigen, dass du es ebenfalls sehen kannst. Bitte sie auch, dir zu zeigen, in welcher Weise dieses spezielle Problem perfekt für das Wachstum deiner Seele gewesen ist.
3. Verbringe noch etwas Zeit in deiner Chronik, und erlaube dir, im Licht des Akasha gebadet zu werden. Lass es deine Schwingung stärken und erhöhen und dir helfen, dir darüber klar zu werden, wer du wirklich bist. Wenn du dann so weit bist, sprich das Gebet auf Seite 82 und schließe deine Chronik.

   Oder:
4. Wenn du immer noch Schwierigkeiten hast, zu verstehen oder zu

akzeptieren, was deine Meister, Lehrer und Angehörigen während der Lesung auf Ebene 2 gesagt haben, bitte sie, dich die Seelenebenen-Wahrheit darüber erkennen zu lassen, wer du wirklich bist. Wenn diese Wahrheit im Moment zu schwer anzunehmen ist, bitte sie um Hilfe, dich akzeptieren zu lassen, dass du genau dort sein musst, wo du in diesem Moment bist. Dies ist der perfekte Kontext, um diese besondere Seelenlektion zu lernen. Und am Ende wirst du in deinem eigenen Tempo Frieden und eine Lösung finden.

5. Wenn du so weit bist, sprich das Gebet auf Seite 82 und schließe deine Akasha-Chronik.

Übung: Die drei Ebenen der Heilung (bei der Arbeit in der Akasha-Chronik von jemand anderem)

Ebene 1: Verstehe die Geschichte aus Sicht des Klienten

1. Bitte jemanden, der für Lesungen in der Akasha-Chronik offen ist, dir bei dieser Übung zu helfen. Sage der Person, dass du diese Lesung zu Übungszwecken durchführst und dreimal in ihre Chronik gehen wirst. Bitte die Person, sich auf diese erste Lesung vorzubereiten, indem sie an ein Problem oder eine Situation denkt, mit der sie gerade zu kämpfen hat.
2. Bevor du die Chronik der Person öffnest, sage ihr, dass sie während des Lesens regelmäßig diese Frage stellen soll: *Wird gerade in irgendeiner Weise über mich geurteilt?* Wenn die Antwort immer *Ja* ist, sollte die Person dir sagen, wann das passiert.
3. Verwende das Eröffnungsgebet von Seite 105 f. und den aktuellen offiziellen Namen der Person, um auf ihre Akasha-Chronik zuzugreifen.
4. Bitte die Person, dir und den Meistern, Lehrern und Angehörigen ihre Geschichte zu erzählen. Während die Person das Problem beschreibt, achtest du auf Details, wie und wann es begann,

wer beteiligt war, welche Auswirkungen es bisher hatte und welche Komplikationen es verursacht hat.

5. Stelle dir beim Zuhören auch diese Fragen:
   - Was empfinde ich gerade für diese Person? Verurteile ich sie in irgendeiner Weise? (Meine Güte, was für eine gemeine/dumme/nervige Person! Kein Wunder, dass die Leute sie meiden. *Oder:* Was denkt sich dieser Mensch nur? Ich mag ihn gerade nicht besonders. *Oder:* Wow, was für eine süße/nachdenkliche/gutherzige Person! Ich wünschte, ich könnte mehr wie sie sein! *Oder:* Wie mutig und stark sie sich gegenüber ihrem unmöglichen Chef verhält. Sie hat eine solche Behandlung nicht verdient. *Oder:* Oh, mein Gott! Dieser Kerl ist genau wie mein Chef/Mitarbeiter/Freund/Bruder. Ich kenne solche Typen ganz genau!)
   - Wie denke ich über das Problem oder die Situation? Beurteile ich in irgendeiner Weise? (Es ist dumm; das ist verrückt; das ist falsch. Das hätte nicht passieren dürfen, aber ich kann natürlich verstehen, wie es dazu kam! *Oder:* Jims Streit mit seinem Bruder klingt sehr nach dem Streit, den ich mit meiner Schwester hatte. Ich weiß schon, was Jim tun sollte, wenn er dieses Problem lösen will.)
6. Wenn du deine Wertungen bemerkst, bitte die Meister, Lehrer und Angehörigen der Person, dich verstehen zu lassen, dass du in diesem speziellen Moment weder ein vollständiges Bild von den Ereignissen hast noch die Person wirklich siehst. Bitte auch die Meister, Lehrer und Angehörigen um Hilfe bei der Erkenntnis, dass diese Person und das Problem weder gut noch schlecht sind. Sie *sind* einfach. Höre dann mit dieser neuen Sichtweise weiter zu, ohne zu urteilen.
7. Wenn die Person ihre Geschichte zu Ende erzählt hat, wird von dir oder euch beiden eine Veränderung spürbar sein. Für dich mag es sich anfühlen, als hätte sich dein Herz geöffnet und dir erlaubt, diese Person aus einem anderen, nicht wertenden Blickwinkel zu sehen. Für die andere Person könnte es sich anfühlen, als habe das

urteilsfreie Sprechen über das Problem es aus ihrem Herzensraum gelöscht und auch ihre Perspektive verändert.

8. Sprich in diesem neuen Zustand des erweiterten Bewusstseins das Schlussgebet auf Seite 108, und verlasse die Akasha-Chronik der Person.

Ebene 2: Ursachen und Umstände ausfindig machen

1. Verwende das Gebet auf Seite 105 f., um die Akasha-Chronik der Person zu öffnen.
2. Bitte die Meister, Lehrer und Angehörigen, die Ursache des auf Ebene 1 beschriebenen Problems der Person zu offenbaren. Wenn du eine kleine Starthilfe brauchst, kannst du folgende Fragen stellen:
   - Hat das Problem in diesem Leben begonnen? Wenn ja, was war die Ursache? (War es angeboren oder umfeldbedingt? War es etwas, was diese Person getan oder gesagt hat? War es eine Meinung oder Überzeugung, die diese Person hatte oder immer noch hat? War es etwas, das diese Person nicht sieht?)
   - Welche Lektion kann der Betroffene aus diesem speziellen Problem lernen, und wie trägt es zum Wachstum seiner Seele bei?
   - Welche anderen Informationen könnt ihr mir geben, um dieser Person zu helfen, ihre aktuelle Sichtweise zu ändern und sich in Richtung Lösung und Heilung zu bewegen?

   Oder:
   - Hat das Problem in einem anderen Leben begonnen? Wenn ja, was waren die Ursachen und Umstände?
   - Wie und warum hat diese Person das Problem in ihr jetziges Leben getragen?
   - Wenn das Problem seinen Zweck erfüllt hat, wie kann diese Person es loslassen?
   - Wenn die Person in diesem Leben noch an dem Problem arbeiten muss, was muss sie wissen, um mit der Auflösung beginnen zu können?

3. Wenn die Meister, Lehrer und Angehörigen der Person die Ursache des Problems offenbaren, hat die Person vielleicht einen »Aha-Moment«, der ihre Sichtweise drastisch verändert und die Heilung einleitet. Wenn du das Gefühl hast, dass die Person diese Verschiebung ausreichend registriert hat, kannst du zu Seite 108 zurückblättern und die Akasha-Chronik schließen.
4. Wenn es der Person schwerfällt, zu verstehen oder zu akzeptieren, was die Meister, Lehrer und Angehörigen sagen, dann bemühe dich nicht weiter. Schließe die Chronik einfach, und lass die Person eine Weile mit diesen neuen Informationen dasitzen. Du bekommst eine weitere Chance, dir Klarheit zu verschaffen, wenn du die Chronik der Person auf Ebene 3 öffnest.

Ebene 3: Erkenne die Wahrheit auf der Seelenebene

1. Nutze das Gebet auf Seite 105 f., um die Akasha-Chronik der Person zu öffnen.
2. Wenn die Informationen auf Ebene 2 ausreichend waren, um Klarheit und Heilung zu bringen, kannst du dich auf die nächste Ebene begeben. Bitte die Meister, Lehrer und Angehörigen, dir zu zeigen, wie diese Person in der Chronik gesehen, erkannt und geliebt wird. Finde heraus, wie du ihr diese Erkenntnis mitteilen kannst. Mit anderen Worten: Bitte sie, dir das wahre Wesen ihrer Seele auf eine Weise zu zeigen, die ihr hilft, es ebenfalls zu sehen.
3. Verbringe noch etwas Zeit in der Akasha-Chronik dieser Person und erlaube ihr, in die Energie und Information einzutauchen. Lass das Licht des Akasha die Schwingung der Person (und deine) stärken und intensivieren, während du ihr hilfst, die Wahrheit auf der Seelenebene zu erkennen.
4. Wenn du so weit bist, sprich das Gebet auf Seite 108, und schließe die Akasha-Chronik der Person.

   Oder:
5. Wenn die Person immer noch Schwierigkeiten hat, zu verstehen oder zu akzeptieren, was die Meister, Lehrer und Angehörigen auf

Ebene 2 gesagt haben, bitte sie, dieser Person die Seelenebenen-Wahrheit über ihre Essenz zu zeigen. Sei auch du offen dafür, die Perfektion und Großartigkeit deines Klienten zu erkennen. Bitte die Meister, Lehrer und Angehörigen, dir und der Person zu helfen, zu akzeptieren und zu würdigen, wer sie in genau diesem Moment ist, ungeachtet ihres Fortschritts in ihrem Heilungsprozess.

6. Wenn du so weit bist, sprich das Gebet auf Seite 108 und schließe die Akasha-Chronik.

6

Ahnenmuster in der Akasha-Chronik heilen

Wenn du mehr und mehr Akasha-Lesungen für dich selbst und andere durchführst, wirst du vielleicht etwas Interessantes bemerken: Die Probleme, die Menschen in diesem Leben haben, sind sehr oft auf Überzeugungen, Einstellungen oder Verhaltensmuster zurückzuführen, die sie von ihren Vorfahren geerbt haben. Daher sind das Erforschen deiner Ahnenlinie und das Befreien von schädlichen Ahnenmustern die nächsten logischen Schritte der Heilungsarbeit in der Chronik.

Ahnenarbeit in der Chronik ist auch deshalb natürlich und logisch, weil alle vergangenen und gegenwärtigen Ereignisse sowie alle künftigen Möglichkeiten im Akasha enthalten sind. Während du in der Chronik arbeitest, wirst du nicht nur von den derzeitigen Einflüssen deiner Ahnen erfahren, sondern auch, wie sich jetzt getroffene Entscheidungen auf künftige Generationen auswirken. In der Akasha-Chronik zu arbeiten, um deine einschränkenden Ahnenmuster zu heilen, hilft dir dabei,

- die wahre Natur deiner Ahnenlinien zu erforschen;
- ererbte Bewusstseinsmuster loszulassen, die schädlich für das Wachstum deiner eigenen Seele sowie für das Wachstum deiner gesamten Seelengruppe sind;
- dich an den besten Möglichkeiten deiner Ahnenlinie auszurichten, um ihre künftige Entwicklung zu unterstützen.

Wer sind meine Ahnen?

Menschen definieren ihre Ahnen üblicherweise als ihren »Stammbaum«: Generationen von Verwandten, von denen sie direkt abstammen. Obwohl diese Definition auch in der Akasha-Chronik zutrifft, ist es auch wahr, dass deine Ahnen in der Chronik Seelen sein können, mit denen du vom Bewusstsein her verwandt bist, aber nicht unbedingt durch Geburt. Die Wahrheit auf der Seelenebene lautet, dass wir alle eins und durch unsere gemeinsame DNA miteinander verbunden sind. Daher ist darauf heruntergebrochen jeder dein Vorfahre! Für diese Arbeit verwenden wir die Akasha-Definition von *Ahnen*: alle, die auf der Seelenebene mit dir verwandt sind, sei es biologisch oder auch nicht.

Während du ein Leben nach dem anderen durchlebst, reist du oft in verschiedenen Gruppen von Ahnenseelen, die auf der Seelenebene die gleichen persönlichen, universellen Ziele haben. Du wählst eine bestimmte Gruppe aus, um das Wachstum deiner eigenen Seele und das Seelenwachstum der Gruppe gleichzeitig zu fördern. Daher verpflichten sich die Mitglieder der Gruppe, zusammenzuhalten und sich gegenseitig zum Erleben von Situationen zu verhelfen, die ihnen allen beim Erreichen ihrer Ziele nutzen. Unabhängig von den kleineren oder mittelfristigen Zielen der Gruppe, ist ihr ultimatives Ziel immer das gleiche: Frieden unter all ihren Mitgliedern zu schaffen. Dieses Ziel wird normalerweise nicht schnell oder in einem einzigen Leben erreicht. Vielmehr braucht es dafür eine Reihe von Lebenszeiten, in denen ihr alle schrittweise wachst, eine Generation nach der anderen, während ihr lernt, eure »karmischen Gegensätze« auszugleichen. Nehmen wir beispielsweise an, zwei Seelen in einer Ahnengruppe vereinbaren, sich gegenseitig bei einer Lektion in bedingungsloser Liebe zu helfen. Dann inkarnieren diese beiden Seelen in einem Leben: die eine als genialer, wohlhabender Unternehmer und die andere als psychisch kranker Obdachloser, dem der Unternehmer täglich auf der Straße begegnet. Diesen beiden Seelen bieten ihre »entgegengesetzten« Rollen unzählige Gelegenheiten, bedingungslose Liebe zu erfahren. In weiteren Leben wechseln diese beiden Seelen dann ihre Rollen und wählen verschiedene Kontexte, in denen sie sie darstellen. So können die Seelen herausfinden, wie sich die beiden Seiten der karmischen Medaille anfühlen. Wenn sie letztlich einen absolut vollständigen Ausdruck bedingungsloser Liebe erfahren haben, werden beide Seelen in Frieden und Harmonie miteinander leben. An diesem Punkt steht es jeder Seele frei, sich anderen Ahnengruppen anzuschließen, um andere Arten von Erfahrungen zu machen und andere Lektionen zu lernen.

In deiner Ahnengruppe in diesem Leben sind viele ihrer Mitglieder tatsächlich biologisch verwandt. Andere hingegen sind verwandt durch ihren Wunsch, ein gemeinsames Ziel zu erreichen. Unabhängig davon, was deine Ahnengruppe verbindet, werdet ihr – zum Guten oder zum Schlechten – so lange zusammenbleiben, bis eure karmische Arbeit abgeschlossen ist und ihr einander lieben gelernt habt. Die *Art eures Umgangs* miteinander ist schwankend: Manchmal seid ihr freundlich und mitfühlend, dann wieder rachsüchtig und gemein. Es spielt wirklich keine Rolle, solange ihr eure karmischen Rollen innerhalb eurer Ahnenlinien ausfüllt – und am Ende einander liebt.

Wie schließen sich Seelen einer Ahnenlinie an?

Deine Ahnenseelengruppe in diesem Leben besteht aus verschiedenen »sich kreuzenden« Ahnenlinien. In einige davon bist du hineingeboren worden, für andere hast du dich später im Leben entschieden oder wirst dich noch entscheiden. Es gibt also mehrere Möglichkeiten, wie sich deine Seele verschiedenen Ahnenlinien anschließen kann. Die meisten Seelen schließen sich ihrer Hauptahnenlinie an, indem sie in ihren Stammbaum hineingeboren werden. In einem solchen Fall sind alle Mitglieder einer bestimmten Linie durch ihre Gene miteinander verbunden. Adoption ist eine weitere Möglichkeit, wie sich eine Seele einer Ahnenlinie anschließen kann. Wenn eine Gruppe von Seelen auf diese Weise zusammenkommt, ergeben sich unterschiedliche karmische Erfahrungen für das Adoptivkind, die leiblichen Eltern sowie für die Adoptiveltern und deren Familie.

Auch eine Heirat ist eine andere Möglichkeit für eine Seele, einer Ahnenlinien beizutreten. Es wird oft gesagt, dass du bei der Hochzeit auch die ganze Familie dieser Person heiratest. Dies gilt ganz besonders aus Akasha-Sicht, denn ganz gleich, wie du mit dieser »Sippe« auskommst, deine Entscheidung, mit ihr zusammen zu sein, wurde bewusst getroffen und erfüllt einen bestimmten Seelenzweck. Selbst wenn du versuchst, der Ahnenlinie deines Ehepartners zu entkommen, indem du dich von ihm scheiden lässt, bleibt deine Verbindung zu dieser Linie aktiv, bis du alles aufgearbeitet hast, was mit deinem Ex-Ehepartner aufzuarbeiten war. Falls ihr also schon eine Weile geschieden seid und du dich aber immer noch aktiv über deinen Ex-Ehepartner aufregst, solltest du zurückblättern und die erste Übung in Kapitel 5 (Seite 139 f.) machen. Finde im Verlauf dieser Übung heraus, was du tun kannst, um deinen Groll gehen zu lassen. Diese Heilung ist nur für dich. Tu, was du tun kannst, denn du kannst dich von einer Person nur befreien, indem du dich friedlich von ihr verabschiedest. Wenn du nicht friedlich loslässt, sondern vielmehr gegen »die Fesseln« ankämpfst, werden diese Fesseln nur enger und unbequemer. Wenn du jedoch Neutralität und Frieden erreichst, kannst du die Fesseln lockern und dich in eine bequemere Haltung begeben.

Die Chronik hilft mir, Wachstumsblockaden zu erkennen, und zeigt mir, wie ich meine negative Energie überwinden kann. Beispielsweise hatte ich eine Mauer zwischen mir und meiner Familie errichtet, weil meine Art, ihnen zu »helfen«, sie in Wirklichkeit beleidigt hat. Das erkannte ich nicht und war jahrelang frustriert, weil sie sauer auf mich waren und auf meine Versuche, ihnen zu helfen. Als ich die Muster zwischen uns erkannte, lösten sich Jahrzehnte des Schmerzes und der Missverständnisse auf. Heute habe ich eine engere und liebevollere Beziehung zu meiner Familie als je zuvor.

– Kathryn

Wie ich bereits erwähnt habe, können sich Seelen auch durch das Recht auf ein gemeinsames Bewusstsein bestimmten Ahnenlinien anschließen. In diesem Fall hat jede Seele in einer bestimmten Ahnenlinie zugestimmt, Teil dieser Linie zu sein, um deren kollektives Bewusstsein zu erweitern. Wenn die karmische Aufgabe dieser Linie besonders herausfordernd ist, kann ihre Lösung mehrere Leben in Anspruch nehmen. Wenn die Aufgabe jedoch erfüllt ist, lösen sich die karmischen Bindungen, werden inaktiv, und Heilung kann innerhalb der Linie stattfinden. Dann sind die Seelen frei und können weiterziehen, um sich anderen Ahnenlinien anzuschließen.

Welche Verantwortung habe ich meinen Ahnen gegenüber?

Die Person, die du in diesem Leben bist, ist der Konvergenzpunkt all deiner Beziehungen und Ahnenlinien während der gesamten Existenz deiner Seele. Indem du in diesem Leben an dir selbst arbeitest und Mitgefühl und inneren Frieden findest, lässt du nicht nur dein Urteil über dich selbst los, sondern auch das über andere in deinen Ahnenlinien. Und je mehr du dazu in der Lage bist, desto mehr Wachstum und Heilung kannst du deiner gesamten Ahnenseelengruppe bringen, sowohl jetzt als auch in der Zukunft.

Am effektivsten lernst du etwas über dich selbst und heilst karmische Risse – sowohl in dir als auch zwischen dir und anderen –, indem du in deiner Akasha-Chronik arbeitest, um die angebotene Sichtweise zu erfahren. Sobald du die Wahrheit auf der Seelenebene der Chronik akzeptieren kannst, kannst du alte Überzeugungen, Muster und Verhaltensweisen ändern und dauerhaft heilen. Konzentriere dich also auf dich selbst, nicht auf andere, und suche nach Anleitung, wie du Situationen im Hinblick auf ihren Sinn auf der Seelenebene und ihren ultimativen karmischen Nutzen sehen kannst. Bitte auch

> Die Chronik war mir in einer schwierigen Beziehung mit einem Verwandten eine große Hilfe. Die Beziehung war sehr schmerzlich für uns beide, und ich schaute in die Chronik, um meine negativen Gefühle zu rechtfertigen. Doch in Wirklichkeit wollte meine Seele dreimal am Tag für diese Person beten!
>
> *– Nancy*

darum, dass dir gezeigt wird, welche Rollen du in deinen Ahnenlinien spielst und welche Verantwortung du deinen Ahnen gegenüber hast.

Wenn du daran arbeitest, Frieden mit dir selbst zu schließen, lässt du tiefe Heilung und Transformation stattfinden. Auch wenn du dir als einziger Mensch dessen bewusst bist, was passiert, werden die Veränderungen in dir einen Raum schaffen, der Veränderungen in anderen ermöglicht. Und deine gesamte Ahnenlinie wird aufsteigen. Wenn du andere besser zu akzeptieren gelernt hast, wirst du leichter teilen können, was du zu geben hast. Dies wiederum wird das Bedürfnis anderer verringern, an dir herumzuzerren, um zu bekommen, was sie brauchen. Wenn jedoch ein angemessenes Geben und Nehmen stattfindet, genießen alle Beteiligten eine neue Ebene an Harmonie und Frieden.

Selbst wenn du in deiner Familie als das »schwarze Schaf« betrachtet wirst, kannst du ein friedlicheres und akzeptableres Umfeld schaffen. Tatsächlich ist dies der karmische Imperativ der schwarzen Schafe. Mach dir also keine Gedanken darüber, dass man dich so sieht. Du *bist* wirklich ein wenig anders als die anderen. Du bist Teil einer seltenen und ungewöhnlichen Spezies, die sich von der Herde abhebt, und du bist derjenige, den sich die anderen einfach anschauen müssen, weil es gar nicht anders geht. Wenn alle Augen auf dich gerichtet sind, hast du die Möglichkeit, deinen Widerstand gegen das Akzeptieren von Menschen, die anders sind, aufzugeben. Ironischerweise möchtest du als schwarzes Schaf vielleicht Liebe, Verständnis und Akzeptanz von anderen, stellst dann aber – aus dem Blickwinkel der Chronik – fest, dass du derjenige bist, der all das erst einmal denen *geben* muss, die dich am wenigsten lieben, verstehen und akzeptieren.

Wenn du deine Ahnen so annimmst, wie sie sind und wie nicht, werdet ihr alle frei. So förderst du die Heilung deiner Ahnenlinie. Sei mutig in deiner Liebe, Akzeptanz und Wertschätzung für alle Familienmitglieder, besonders für diejenigen, die du als schwierig empfindest. Die Chronik gibt dir die Klarheit und Energie, die du brauchst, um deine Rolle auszufüllen, was die Entwicklung deiner aktuellen

Ahnenlinie ebenso vorantreiben wird wie die aller Seelen, die sich ihr in Zukunft anschließen werden.

Wie kann ich meine Ahnen und ihren Einfluss auf mein Leben erforschen?

Die folgenden Übungen werden dir helfen, eine deiner aktuellen Ahnenlinien zu erkunden. Die Fragen sind so formuliert, dass du sie in deiner eigenen Chronik stellen und auch leicht an die Lesungen für Klienten anpassen kannst. Wiederhole diese Übungen ruhig, sooft du möchtest, um verschiedene Ahnenlinien innerhalb deiner größeren Seelengruppe zu erkunden.

Während der einzelnen Übungen stellst du möglicherweise fest, dass deine Meister, Lehrer und Angehörigen die Fragen so beantworten, wie sie hier aufgeschrieben sind. Alternativ können sie beschließen, eine oder mehrere Fragen zu kombinieren oder in einer anderen Reihenfolge zu beantworten. Wie auch immer sie die Informationen liefern möchten, am Ende jeder Lesung wirst du deine Antworten haben.

Übung: Die göttliche Absicht deiner Ahnenlinie identifizieren

Teil A

1. Verwende das Eröffnungsgebet auf Seite 81 f., um auf deine Akasha-Chronik zuzugreifen. Stelle deinen Meistern, Lehrern und Angehörigen dann folgende Fragen zu einer deiner Ahnenlinien:
   - Wer sind meine Ahnen?
   - Was sind die charakteristischen Merkmale dieser besonderen Ahnenlinie?
   - Was ist die göttliche Absicht dieser Linie? (Was ist ihre Aufgabe auf der Seelenebene? Was sind ihre kurzfristigen Ziele? Was ihre langfristigen Ziele?)

- Wie seht ihr (meine Meister, Lehrer und Angehörigen) diese Ahnen als Gruppe, die sich durch Zeit und Raum bewegt?

2. Verwende das Schlussgebet auf Seite 82, um deine Akasha-Chronik wieder zu verlassen. Wenn du dir bisher keine Notizen gemacht hast, schreibst du jetzt alle Informationen aus deiner Lesung auf, die besonders aufschlussreich für dich waren und an die du dich in Zukunft erinnern möchtest.

Teil B

1. Verwende das Gebet auf Seite 81 f., um deine Akasha-Chronik erneut zu öffnen. Stelle dann die folgenden Fragen:
   - Was sind die Privilegien und Verpflichtungen dieser bestimmten Ahnenlinie?
   - Was sind meine individuellen Privilegien und Verpflichtungen gegenüber dieser Linie?
   - Welche Verpflichtungen habe ich aus dieser Ahnenlinie passenderweise übernommen und warum?
   - Welche Verpflichtungen habe ich aus dieser Ahnenlinie unpassenderweise übernommen und warum?
   - Wie kann ich die von meinen Ahnen übernommenen Verpflichtungen, die nicht zu mir gehören (und nicht zu mir gehören sollten) loslassen?
2. Verwende das Gebet auf Seite 82, um deine Akasha-Chronik zu schließen. Wenn du es nicht bereits getan hast, schreibe jetzt alle Informationen aus deiner Lesung auf, an die du dich in Zukunft erinnern möchtest.

Übung: Den Raum zwischen den einzelnen Leben erforschen

Teil A

1. Verwende das Gebet auf Seite 81 f., um deine Akasha-Chronik zu öffnen.
2. Bitte deine Meister, Lehrer und Angehörigen, dich auf eine »virtuelle Tour« durch den Raum zwischen deinen Leben mitzunehmen. Dieser Bereich wird manchmal als Dimension der Wahlmöglichkeiten bezeichnet, weil deine Seele in diesem Raum Entscheidungen für ihre nächste Inkarnation trifft. Erkunde diese Dimension eine Zeit lang. Wie sieht sie für dich aus, und wie fühlt sie sich an? Was passiert hier? Wer oder was ist da?
3. Sobald du ein passendes Gefühl dafür hast, wo du dich befindest, und weißt, dass du jederzeit an diesen Ort zurückkehren und ihn in späteren Lesungen weiter erkunden kannst, bittest du deine Meister, Lehrer und Angehörigen, dir zu helfen, deine aktuelle Familie in diesem Leben (der Hauptahnenlinie) zu begutachten. Stelle deinen Meistern, Lehrern und Angehörigen dann diese Fragen:
   - Warum habe ich diese bestimmte Ahnenlinie allen anderen vorgezogen?
   - Was kann ich von ihnen lernen oder bekommen?
   - Welche Absicht habe ich verfolgt, als ich diese Gruppe ausgewählt habe?
   - War ich schon einmal in dieser Gruppe?
   - Wie hilft mir diese Gruppe, die Bestimmung meiner Seele zu erkennen?
   - Gibt es eine bestimmte Person, die mir hilft – und wenn ja, wie?
   - Habt ihr einen Rat, wie ich meinen Plan an diesem Punkt in meinem Leben verwirklichen kann?
4. Verwende das Gebet auf Seite 82, um deine Akasha-Chronik zu schließen. Wenn du es nicht bereits getan hast, schreibe jetzt alle Informationen aus deiner Lesung auf, an die du dich in Zukunft erinnern möchtest.

Teil B

1. Verwende das Gebet auf Seite 81 f., um deine Akasha-Chronik erneut zu öffnen. Bitte deine Meister, Lehrer und Angehörigen, dich zurück in die Dimension der Wahlmöglichkeiten zu bringen. Stelle dann die folgenden Fragen über die Familie, in der du gerade bist:
   - Was heißt es für mich, meine Vorfahren in diesem Leben zu ehren?
   - Wie kann ich zur höhren Bestimmung dieser besonderen Ahnenlinie beitragen?
   - Welchen Beitrag oder welche Beiträge soll ich zugunsten der künftigen Nachkommen dieser Linie leisten?
   - Wie kann ich »in die Zukunft greifen« und mich schon jetzt auf die Macht dieser Nachkommen stützen?
2. Verwende das Gebet auf Seite 82, um deine Akasha-Chronik zu schließen. Schreibe alle Informationen aus deiner Lesung auf, an die du dich in Zukunft erinnern möchtest.

Übung: Unerwünschte Einflüsse der Ahnen auf die Gegenwart identifizieren und sich davon befreien

1. Verwende das Gebet auf Seite 81 f., um deine Akasha-Chronik zu öffnen.
2. Bitte deine Meister, Lehrer und Angehörigen, dir zu helfen, ein einschränkendes Muster zu erkennen, das du von deinen Vorfahren »geerbt« hast. Stelle dann folgende Fragen:
   - Wo hat dieses einschränkende Muster angefangen? Was war der ursprüngliche Nutzen dahinter? Was ist passiert?
   - Gibt es irgendeine Möglichkeit, wie dieses Muster mir und dem höchsten Potenzial meiner Ahnenlinie dient?
   - Wenn mir dieses Muster nicht mehr nutzt, was brauche ich dann, um mich darüber hinaus zu entwickeln?
   - Welche Ahnenlinie meiner Eltern hat den Schlüssel zu meiner Freiheit von diesem einschränkenden Muster?

3. Verwende das Gebet auf Seite 82, um deine Akasha-Chronik zu schließen. Schreibe alle Informationen aus deiner Lesung auf, an die du dich in Zukunft erinnern möchtest.

Übung: Eine schwierige Bindung heilen

1. Verwende das Gebet auf Seite 81 f., um deine Akasha-Chronik zu öffnen.
2. Bitte deine Meister, Lehrer und Angehörigen, dir ein Familienmitglied zu zeigen, das du besonders schwierig findest. Stelle dann folgende Fragen:
   - Woran arbeiten dieses Familienmitglied und ich in der Ahnenlinie?
   - Worum geht es bei diesen Problemen wirklich?
   - Warum fällt es mir so schwer, diese Person so zu akzeptieren, wie sie ist?
   - Was ist zwischen uns passiert, das uns in dieser Spannung hält?
   - Was muss ich in dieser Situation auf der Seelenebene lernen?
   - Wie kann ich diese Person akzeptieren und mit ihr Frieden schließen, damit ich anfangen kann, die Umstände zu heilen?
   - Was ist das höchste Potenzial dieser Beziehung?
3. Verwende das Gebet auf Seite 82, um deine Akasha-Chronik zu schließen. Schreibe alle Informationen aus deiner Lesung auf, an die du dich in Zukunft erinnern möchtest.

7

Frühere Leben in der Akasha-Chronik heilen

Nachdem du nun deine Ahnenlinie erforscht hast, um herauszufinden, wer du heute bist, geht es im nächsten Kapitel der Geschichte deiner Seele um die Erforschung einige deiner früheren Leben. Dadurch bekommst du ein noch umfangreicheres Verständnis davon, wer du heute bist, und eine weitere Möglichkeit, ein Bewusstsein für deine Seele zu entwickeln.

Da im Akasha eine Aufzeichnung *all* unserer Lebenszeiten enthalten ist und Zeit und Raum als uns vertraute Relationen in der Akasha-Chronik nicht existieren, sind Informationen über unsere Probleme und ihre Ursprünge in der Chronik immer verfügbar. Trotzdem möchte ich klarstellen, dass die Chronik für uns nicht wie der große Fischteich im Himmel funktioniert. Wir können nicht einfach unsere Chronik öffnen, unseren Angelhaken auswerfen und Informationen über unsere verschiedenen früheren Leben an Land ziehen. Die Herren der Chronik erlauben den Meistern, Lehrern und Angehörigen nur die Informationen weiterzugeben, die zu hören wir bereit sind. Wenn das geschilderte Problem einer Person also nicht in einem früheren Leben begonnen hat, wird diese Person in einer Akasha-Lesung keine Informationen über frühere Leben erhalten. Das kann für einige deiner Klienten, die Reinkarnation besonders fasziniert finden, sehr frustrierend sein. Diejenigen jedoch, die sich des göttlichen Timings und der göttlichen Verlässlichkeit bewusst sind, werden verstehen, wann es stimmig ist, Informationen über frühere Leben aus der Chronik zu bekommen, und wann nicht.

Das Heilen früherer Leben in der Chronik ähnelt der Energieheilung insofern, als dass deine Lesungen auf verschiedenen Ebenen stattfinden, um dir zu helfen,

- frühere Leben zu erkunden, die deine Seele gelebt hat;
- Bewusstseinsmuster zu verstehen und loszulassen, die du in früheren Leben entwickelt hast und die dir in diesem Leben nicht mehr nützen;
- dich an den größten Möglichkeiten deines gegenwärtigen Lebens auszurichten, um die Entwicklung deiner Seele in Bezug auf das Bewusstsein ihrer Einheit mit dem Schöpfer zu erleichtern und zu beschleunigen.

Was sind frühere Leben?

Aus Akasha-Sicht sind alle Seelen ewig. Deine Seele hat sich im Laufe der Zeit immer wieder reinkarniert, um ihre Göttlichkeit unter verschiedensten Umständen zu erfahren und auszudrücken. Die menschlichen Leben, die deine Seele vor dieser aktuellen Inkarnation durchlebt hat, sind als frühere Leben bekannt. (Der Übergang von der menschlichen Form zur tierischen Form im Rahmen des Reinkarnationszyklus wird in der Akasha-Chronik nicht thematisiert. Vielmehr sehen wir nur die Reise der Seele in ihren menschlichen Inkarnationen. Ob eine Seele vom Menschen auf ein Haustier übergeht, wird in der Chronik nicht angesprochen.)

Zu Beginn eines jeden neuen Lebens macht sich deine Seele auf den Weg, um bestimmte Lektionen zu lernen und bestimmte Ziele zu erreichen. In einigen Fällen lernt deine Seele eine bestimmte Lektion in einem einzigen Leben. Am Ende eines solchen Lebens wird deine Seele ihren physischen Körper ablegen und die Weisheit dieser Lektion in ihr Bewusstsein integrieren. (Einfacher ausgedrückt bedeutet dies, dass der Körper stirbt, aber der Geist weiterlebt – und aufgrund seines neuen Verständnisses weiter entwickelt ist als je zuvor.)

Manchmal braucht es jedoch mehr als ein Leben, um eine bestimmte Lektion wirklich zu lernen. Was einst nur eine auf der menschlichen Ebene zu lernende Lektion war, wird in dem Fall zu einer energetischen Blockade oder einem Problem, das auf der Seelenebene gelöst werden muss. Dann passiert dies: Nehmen wir an, deine Seele kommt als »Katie« in ein Leben mit dem Vorhaben, die Lektion des Überwindens von Vorurteilen zu lernen. Doch das erweist sich als eine große Herausforderung, und obwohl Katie alles Menschenmögliche versucht, hat sie die Lektion am Ende ihres Lebens nicht abgeschlossen.

Als das menschliche Wesen, das als Katie bekannt ist, hat deine Seele zwar viele Fortschritte auf dem Weg zur Überwindung von Vorurteilen gemacht. Doch was diese spezielle Lektion betrifft, hat deine Seele noch einiges zu tun. Am Ende deines Lebens als Katie wirft deine Seele Katies physischen Körper ab, aber die Energie der nicht abgeschlossenen Lektion existiert immer noch als Blockade in deinem Bewusstsein auf der Seelenebene. Da sie nirgendwo anders hingehen kann, setzt sich diese Energieblockade in Körper und Geist der nächsten Inkarnation deiner Seele fest, in »Malik«.

Ich habe meine Meister, Lehrer und Angehörigen gefragt, warum ich immer Kurse zu allen möglichen Disziplinen besuche – Kunst, Fotografie, Tauchen, Skifahren, Improvisation, Gesangsunterricht, Klavier – und in keiner davon wirklich sicher werde. Da einige dieser Kurse sehr teuer und zeitaufwendig sind, hatte ich deswegen immer ein schlechtes Gewissen. In einer Lesung erfuhr ich, dass ich in einem früheren Leben eine russische Ballerina gewesen war. Ich hatte mein ganzes Leben dieser einen Kunst mit höchster Disziplin widmen müssen. Also kann ich in diesem Leben alles ausprobieren, was ich will. Das ergab absolut Sinn für mich und hat mir ermöglicht, mich in Bezug auf diesen Teil meines Lebens großartig zu fühlen. Meiner Ansicht nach bietet dieses Wissen vor allem eins: die Fähigkeit, zu verstehen und loszulassen, wie in allen »Aha-Momenten«.

– Barbara

Während Malik aufwächst, werden einige seiner vorverurteilenden Überzeugungen und Handlungen direkt von Katies ungelösten Problemen beeinflusst. Maliks Eltern sind verblüfft über sein Verhalten.

Sie können nicht verstehen, warum Malik so ganz andere Vorstellungen hat als der Rest seiner Familie, obwohl sie alle ihre Kinder gleich erzogen habe. Tatsächlich versteht Malik selbst nicht immer, warum er so fühlt und handelt, wie er es tut. Tief in ihm ist einfach etwas, das er nie ganz erklären kann.

In ihrem Leben als Katie und jetzt als Malik durfte deine Seele verschiedene Arten von Vorurteilen mit unterschiedlichen Augen sehen, um das Überwinden dieses Problems zu lernen. Wenn deine Seele im Laufe ihres Lebens als Malik erfolgreich ist, wird sie das Problem und die entsprechende Energieblockade beseitigen, die Weisheit der Lektion integrieren und weiterziehen, um etwas anderes zu lernen. Wenn Malik jedoch keinen Erfolg hat, entscheidet sich deine Seele möglicherweise, als »Pierre« wiederzukommen und … es noch mal zu versuchen und noch mal.

Dieser Lernprozess wird sich in so vielen Leben wiederholen, wie deine Seele braucht, um ihr Problem zu lösen und die Lektion zu integrieren. Ist das Problem erst einmal gelöst, ist deine Seele frei, den Rest ihres Lebens – oder genauer ihrer Leben – unbeeinflusst von dieser bestimmten Lektion und allen sich daraus ergebenden Problemen weiterzuführen.

Hier sollten wir innehalten und festhalten, dass es für eine Seele energetisch unmöglich ist, in ihrer Evolution rückwärtszugehen. Eine menschliche Erfahrung mag einem wie ein Rückfall in frühere Denk- und Verhaltensmuster vorkommen, aber das bedeutet nicht, dass die Seele sich zurückentwickelt. Verhaltensweisen und Daseinsformen, die einschränkend und unangenehm sind – beispielsweise kriminelle Aktivitäten, Sucht, extreme Armut und Gewalt –, sind durchaus gültige Wege, die eine Seele gehen kann, um Liebe und Selbstakzeptanz zu lernen. Es sind Gelegenheiten, die göttliche Gegenwart zu erkennen, egal unter welchen Umständen. Lass dich also nicht vom äußeren Anschein täuschen: Es gibt keine Rückschritte.

Dieses Konzept ist ähnlich zu verstehen wie die Bewegung eines »rückläufigen« Planeten. Planeten bewegen sich nicht rückwärts, aber manchmal verlangsamen sie ihre Umlaufbahn so sehr, dass sie scheinbar rückwärtslaufen, weil sich die Himmelskörper um sie herum in normaler Geschwindigkeit bewegen. Wie diese rückläufigen Himmelskörper sind auch wir menschlichen »Himmelskörper« in manchen Leben langsamer als andere um uns herum. Oder wir entscheiden uns zur Annahme eine besonders schwierige Herausforderung, die unsere ganze Konzentration und Aufmerksamkeit erfordert, sodass unsere Fortschritte minimal erscheinen. Aber täusche dich nicht, es gibt nur Fortschritt in unserem Universum – ein ständiges Expandieren, Entfalten und Entwickeln. Manchmal ist diese Entwicklung offensichtlich, und manchmal ist sie gar nicht zu sehen.

Wie findet die Heilung früherer Leben in der Akasha-Chronik statt?

Die Heilung früherer Leben in der Chronik ist der Energieheilung insofern ähnlich, als beide Formen der Heilung durch die gleichen drei Ebenen führen: *Die Geschichte erzählen, Ursachen und Umstände ausfindig machen* und *Die Wahrheit auf der Seelenebene erkennen*. Es gibt jedoch Unterschiede bei der Heilung früherer Leben. Wenn du auf Ebene 2 nach den Ursachen und Umständen deines Problems fragst, werden dir deine Meister, Lehrer und Angehörigen helfen, der Inkarnation (Person) zu begegnen, die du in dem früheren Leben warst, in dem das Problem entstanden ist. Die Inkarnation aus jenem früheren Leben wird dir dann erklären, wie und warum das Problem begann und wie du es jetzt heilen kannst. Wenn du dir dann auf Ebene 3 die Wahrheit auf Seelenebene anschaust, bekommst du die Gelegenheit, deine Inkarnation aus jenem früheren Leben einzuladen, sich entweder in dein Seelenbewusstsein zu integrieren oder aber ins Licht der Chronik zurückzukehren.

Wie du dir vielleicht vorstellen kannst, ist dies eine tiefgreifende, schwere Arbeit in der Chronik. Versuche dich nur dann darin, wenn du dich bei dem Gedanken wohlfühlst und bereit bist, die Informationen zu hören. Wenn du *tatsächlich* bereit bist, kannst du die folgende Übung nutzen, um dich mit dem Prozess der Heilung früherer Leben in der Chronik vertraut zu machen. In Abhängigkeit zu den Erfahrungen, die du im Verlauf dieser Übung machst, musst du möglicherweise alle drei Ebenen der Heilung persönlich durchlaufen oder auch nicht. Doch um den Prozess kennenzulernen und zu erfahren, wie du in Zukunft alle Ebenen für dich und andere nutzen kannst, solltest du dir die gesamte Übungsanleitung durchlesen. Wenn du diese Übung mit einer anderen Person machst, sind die drei Ebenen und der Prozess identisch, nur dass du die Lesung durchführst und den Prozess moderierst.

Übung: In der Akasha-Chronik an der Heilung früherer Leben arbeiten

Ebene 1: Erzähle deine Geschichte aus deiner Sicht

1. Hier arbeitest du auf der Ebene deines Problems und seiner physischen Manifestationen. Denke also an ein Problem in deinem Leben, das du bisher nicht lösen konntest. Verwende dann das Gebet auf Seite 81 f., um deine Akasha-Chronik zu öffnen.
2. Beginne auf dieser Ebene damit, dass du deinen Meistern, Lehrern und Angehörigen deine Geschichte erzählst. (Schreibe sie auf oder erzähle sie laut, was einfacher für dich ist.) Während du das Problem aus deiner Sicht beschreibst, nenne auch Details, wie und wann es begann, wer beteiligt ist, welche Auswirkungen es bisher hatte und welche Komplikationen dadurch entstanden sind.
3. Mache beim Sprechen oder Schreiben ab und zu eine Pause und prüfe, ob du in irgendeiner Weise wertest. Wenn ja, denke daran, dass du in diesem besonderen Moment kein vollständiges Bild des Problems hast. Schließe deine Geschichte dann ohne Urteil ab.
4. Wenn du deine Geschichte fertig erzählt hast, spürst du wahrscheinlich eine Veränderung. Es mag sich wie ein Seufzer der Erleichterung anfühlen, als habe das Schildern deines Problems,

ohne darüber zu urteilen, dir geholfen, es von deiner Brust zu nehmen – seine schwere Energie buchstäblich aus deinem Herzraum zu entfernen. Jetzt kannst ein wenig freier atmen. Du fängst auch an, dich selbst und dein Problem aus einem vergrößerten, empathischeren Blickwinkel zu sehen.

5. Wenn nur das Reden über dein Problem notwendig war, um die entsprechende Energieblockade zu lösen, schließt du deine Akasha-Chronik unter Verwendung des Gebets auf Seite 82.
   Oder:
   Wenn du immer noch nicht das Gefühl hast, dass etwas gelöst wurde, lässt du deine Chronik offen und begibst dich auf Ebene 2.

Ebene 2: Ursachen und Umstände in einem früheren Leben ausfindig machen

1. Beginne diesen Teil der Lesung damit, dass du deine Meister, Lehrer und Angehörigen bittest, dir beim Errichten einer Lichtsäule zu helfen, die dir die Möglichkeit gibt, deiner Seele so zu begegnen, wie sie in einem früheren Leben existierte. Diese Lichtsäule wird dir als »Akasha-Versammlungsraum« dienen. Du wirst über eine Lichtbrücke mit ihr verbunden sein, die sich von deinem Herzzentrum bis zur Säule etwa 45 Zentimeter vor dir erstreckt. Deine Meister, Lehrer und Angehörigen erhalten diesen Raum für die Dauer der Lesung, um die Trennung zwischen der gegenwärtigen Inkarnation deiner Seele (»du«) und ihrer Inkarnation aus einem früheren Leben zu wahren. Diese Trennung ermöglicht dir ein angenehmes und klares Arbeiten. Sobald die Lichtsäule errichtet ist, werden deine Meister, Lehrer und Angehörigen sie als Kanal verwenden, durch den alle Energien, Informationen, Fragen und Antworten der Lesung fließen.
2. Denke wieder an das Problem, das du auf Ebene 1 beschrieben hast. Bitte dann deine Meister, Lehrer und Angehörigen, die Person in die Lichtsäule zu bringen, die du in dem Leben warst, in dem dein Problem begann.

3. Sprich in Gegenwart deiner Meister, Lehrer und Angehörigen mit deiner Inkarnation aus einem früheren Leben. (Erinnere dich daran, dass deine Meister, Lehrer und Angehörigen diese Person im Licht halten und den Raum wahren, in dem du diese Arbeit tun kannst.) Wenn du Hilfe brauchst, um das Gespräch in Gang zu bringen, kannst du nach dem Namen der Person fragen. Dann kannst du eine oder alle dieser Fragen stellen, um mehr über dein Problem zu erfahren:
   - Was passierte in *deinem* Leben und verursachte das Problem, das *ich* jetzt habe?
   - Wie und warum begann dieses Problem bei dir?
   - Welche Lektion sollte dich das Problem lehren?
   - Warum war es so schwierig für dich?
   - Warum muss ich mich in diesem Leben immer noch mit diesem Problem auseinandersetzen?
   - Kannst du mir etwas erzählen, das mir helfen wird, dieses Problem auf eine Weise zu betrachten, die mich bei der Heilung voranbringt?
   - Was möchtest du mich sonst noch wissen lassen?
   - Ich weiß, dass ich nicht ändern kann, was in deinem Leben passiert ist, aber kann ich jetzt irgendetwas für dich tun? Gibt es etwas, das du brauchst?
4. Frage dich im Verlauf des Gesprächs immer wieder, ob die Informationen, die du bekommst, praktisch, nützlich und brauchbar sind. Wenn nicht, bitte die Person, auf dein Problem konzentriert zu bleiben. Wenn ja, machst du weiter, bis du den »Aha-Moment« bemerkst, der deine Perspektive verändert und dich allmählich in Richtung Heilung bewegt.
5. Nachdem du diesen Perspektivwechsel vollzogen hast, spürst du vielleicht, dass du alles Nötige erhalten hast und bereit bist, deine Chronik wieder zu schließen. Bevor du das Schlussgebet sprichst, bedankst du dich bei deinen Meistern, Lehrern und Angehörigen dafür, dass sie dir geholfen haben, dieses frühere Leben zu erforschen, um etwas über die Ursache deines Problems zu erfahren.

Bedanke dich auch bei der Person, die sich aus deinem früheren Leben gemeldet hat, um dich bei deiner Heilung zu unterstützen. Verabschiede dich und zähle dann laut: »Eins … zwei … DREI!« Klatsche bei »DREI!« einmal in die Hände. Damit lässt du die Person gehen und zerstreust gleichzeitig die blockierte Energie, die deine Seele durch das Problem mit sich herumgetragen hat. Das Klatschen löst auch die Lichtsäule auf sowie deine Brücke zu ihr.

6. Verwende das Gebet auf Seite 82, um deine Chronik wieder zu schließen.
   Oder:
   Wenn es dir schwerfällt, dich mit der Person zu versöhnen, die du in diesem früheren Leben warst, oder mit ihren Handlungen, lässt du deine Chronik offen und begibst dich auf Ebene 3.

Ebene 3: Erkenne die Wahrheit auf der Seelenebene

1. Denke daran, dass du immer noch in deiner Chronik bist und dass die Lichtsäule, die deine Meister, Lehrer und Angehörigen auf Ebene 2 errichtet haben, immer noch da ist. Bitte deine Meister, Lehrer und Angehörigen jetzt, dir bei der Veränderung deiner Bewusstseinshöhe zu helfen, bis du deine Inkarnation in einem früheren Leben von der Warte der Akasha-Chronik aus sehen kannst. Bitte darum, ihr *wahres Wesen* im Licht der Chronik sehen zu können, und zwar unabhängig davon, was diese *Person* zu sein oder zu tun schien. Bitte darum, jedes Urteil über diesen Menschen durch Liebe zu seiner – zu deiner – ewigen Seele ersetzen zu können. Bitte darum, die Illusion von einer Trennung von dieser Person durch die Anerkennung eurer Einheit ersetzen zu können. Bitte darum, diesen Teil deiner Seele nicht mehr abzulehnen und ihn stattdessen mit Mitgefühl annehmen zu können.
2. Wenn nötig, sprich noch ein wenig mit deiner Inkarnation. Bitte sie, dir zu zeigen, wie sie ihr Bestes gegeben hat, und liebe sie für

ihre menschlichen Bemühungen. Umarme ihren göttlichen Funken als die Wahrheit ihres Wesens – und hör auf, ihre irdische Form abzulehnen.

3. Bitte nun deine Meister, Lehrer und Angehörigen, dein Herzzentrum auszudehnen, damit du deine Inkarnation aus einem früheren Leben in dein Herz einladen kannst. Schaffe in dir selbst Raum für diesen Ausdruck deiner selbst, und schließe ihn in die Umarmung deines Herzens ein. Frage deine Inkarnation dann, ob sie bleiben und sich in das Bewusstsein deiner Seele integrieren möchte oder ob sie sich verabschieden und zurück in die Lichtsäule gehen möchte. Wie immer sie sich entscheidet, für dich wird es die beste Möglichkeit zur Heilung sein. Also vertraue darauf, dass ihre Wahl zum höchsten Wohl aller ist.
4. Wenn sich deine Inkarnation aus einem früheren Leben für die Integration entscheidet, bittest du deine Meister, Lehrer und Angehörigen um Unterstützung bei diesem Prozess. Wenn sie sich entscheidet, zum Licht zurückzukehren, verabschiedest du dich und lässt sie los, während du bis drei zählst und bei drei klatschst. Wenn du fertig bist, wird die Energie deines Problems zerstreut sein, und die Lichtsäule und deine Brücke zu ihr werden ebenfalls aufgelöst.
5. Verwende das Gebet auf Seite 82, um deine Chronik wieder zu schließen.

Normalerweise reicht es aus, sich auf diese drei Ebenen des Heilens früherer Leben zu begeben, um die meisten Probleme zu lösen und die entsprechenden Energieblockaden zu beseitigen. Wenn du jedoch ein besonders herausforderndes Problem hast, kannst du in deine Chronik gehen und diesen Vorgang so oft wie nötig wiederholen, bis du Klarheit und Frieden findest. Es kann auch sein, dass noch andere frühere Leben von dir für dieses spezielle Problem eine Rolle spielen. Sollte dies der Fall sein, bittest du auf Ebene 2 darum, dass dir ein anderes Leben gezeigt wird, in dem dasselbe Problem bestand, und sprichst mit einer anderen Inkarnation deiner Seele, um ihre Perspektive kennenzulernen. Achte wie immer darauf, dass die Informationen, die du bekommst, praktisch, nützlich und brauchbar sind. Ist dies nicht der Fall, steht es dir jederzeit frei, die Lesung zu beenden, indem du bis drei zählst, bei drei in die Hände klatschst und deine Akasha-Chronik wieder schließt.

Bei der Heilarbeit ist es das Wichtigste, dich daran zu erinnern, dass du die Autorität bist, deine eigenen Erfahrungen festzulegen. Mit anderen Worten, du bist die Person, die weiß, ob ein Problem geklärt ist oder ob noch mehr daran gearbeitet werden muss. Du wirst auch wissen, wie viel du zu einem bestimmten Zeitpunkt bewältigen kannst. Also liegt es an dir, dein eigenes, für dich angenehmes Tempo festzulegen. Es besteht keine Notwendigkeit, den Prozess zu beschleunigen. Tatsächlich kann dies sogar einen negativen Effekt haben und alles noch komplizierter machen. Sei also deine eigene spirituelle Autorität. Nimm die erhaltenen Informationen von deinen Meistern, Lehrern und Angehörigen, und nutze sie, um deine beste Heilungsstrategie festzulegen.

Positive frühere Leben in der Akasha-Chronik erkunden

Obwohl das Erkunden früherer Leben äußerst hilfreich ist, um bestehende Probleme zu heilen, kann es auch gute Zeiten geben, in denen dieses Erkunden dich in Situationen unterstützen kann. Nehmen wir beispielsweise an, du wurdest in deiner Firma zur Führungskraft befördert. Zwar bist du von diesem Vertrauensbeweis in deine Fähigkeiten und dein Fachwissen begeistert, aber du bist auch ein bisschen nervös. Deine Beförderung in diese neue Position ist mit vielen Unbekannten verbunden. Du wünschst dir einen Mentor – jemanden, der »weiß, wie der Hase läuft«, und dir ein paar Hinweise geben kann, wenn du anfängst, dich in deiner neuen Position zurechtzufinden. Weißt du was? Du *hast* einen Mentor. Du bist es selbst! Das heißt, er ist »du«, wie du in einem früheren Leben warst, in dem du eine erfahrene Führungspersönlichkeit warst. Um den Rat dieses

Experten aus einem früheren Leben zu bekommen, musst du nur in deine Chronik gehen und darum bitten.

Du kannst die folgende Übung nutzen, um ein positives früheres Leben in deiner Chronik zu erkunden. Der Prozess dorthin ist eine vereinfachte Version des Prozesses, den du für Heilungen in früheren Leben verwendet hast. Wenn du dich dafür entscheidest, ein positives früheres Leben zu erkunden, während du eine Lesung für jemand anderen machst, kannst du den unten beschriebenen Vorgang verwenden und die Fragen nach Bedarf umformulieren.

Übung: Positive Erfahrungen aus früheren Leben erkunden

1. Denke an eine Situation, in der du gern das Wissen und den Rat eines »Experten aus einem früheren Leben« hättest. Verwende dann das Gebet auf Seite 81 f., um deine Akasha-Chronik zu öffnen.
2. Bitte deine Meister, Lehrer und Angehörigen um Hilfe bei der Errichtung einer Lichtsäule, die dir die Möglichkeit gibt, deiner Seele so zu begegnen, wie sie in einem früheren Leben existierte.

   Diese Lichtsäule wird dir als »Akasha-Versammlungsraum« dienen. Du wirst mit der Säule über eine Lichtbrücke verbunden sein, die sich von deinem Herzzentrum bis zur Säule etwa 45 Zentimeter vor dir erstreckt. Deine Meister, Lehrer und Angehörigen erhalten diesen Raum für die Dauer der Lesung aufrecht, um die Trennung zwischen der gegenwärtigen Inkarnation deiner Seele (»du«) und ihrer Inkarnation aus einem früheren Leben zu wahren. Diese Trennung ermöglicht dir ein angenehmes und klares Arbeiten. Sobald die Lichtsäule errichtet ist, werden deine Meister, Lehrer und Angehörigen sie als Kanal verwenden, durch den alle Energien, Informationen, Fragen und Antworten der Lesung fließen.

3. Denke an das Problem, bei dem du Rat suchst. Bitte dann deine Meister, Lehrer und Angehörigen, die Person, die du in einem früheren Leben warst und die bei dem vorliegenden Problem am besten helfen kann, in die Lichtsäule zu holen.
4. Unterhalte dich in Gegenwart deiner Meister, Lehrer und Angehörigen mit deiner Inkarnation. (Denke daran, dass deine Meister, Lehrer und Angehörigen diese Person im Licht halten und den Raum wahren, in dem du diese Arbeit tun kannst.) Wenn du Hilfe brauchst, um das Gespräch in Gang zu bringen, kannst du nach dem Namen der Person fragen. Dann kannst du einige dieser Fragen stellen oder dir selbst welche einfallen lassen:
   - Was ist in deinem Leben passiert, das dich so erfolgreich gemacht hat?
   - Welche Eigenschaften besitzt du, die zu deinem Erfolg beigetragen haben?
   - Wenn eine dieser Eigenschaften in mir schlummern, wie kann ich sie wecken und nutzen?
   - Gibt es Fallstricke, die ich vermeiden kann?
   - Welche anderen Ratschläge oder Informationen willst du mir geben?
   - Was kann ich deiner Expertenmeinung nach tun, um meinen irdischen Erfolg auch in Zukunft zu sichern?
   - Wie kann meine Seele aus dieser Situation maximales Wachstum herausholen?
5. Frage dich im Verlauf des Gesprächs immer wieder, ob die Informationen, die du bekommst, praktisch, nützlich und brauchbar sind. Wenn nicht, bitte die Person, sich auf dein Problem zu konzentrieren. Wenn ja, machst du weiter, bis du den »Aha-Moment« bemerkst, der deine Perspektive verändert und dich allmählich zu mehr Verständnis führt.
6. Wenn du das Gefühl hast, dass sich das Gespräch dem Ende zuneigt, hast du zwei Möglichkeiten:
   - Du kannst deine Inkarnation aus früheren Leben einladen, sich in dein Bewusstsein zu integrieren.

Oder:

- Du kannst deiner Inkarnation aus früheren Leben dafür danken, dass sie dir beim Lernen geholfen hat, und die Person zurück ins Licht schicken. Wenn du dich dafür entscheidest, verabschiedest du dich und zählst laut: »Eins ... zwei ... DREI!« Bei »DREI!« klatschst du einmal in die Hände und lässt die Person gehen.

7. Verwende das Gebet auf Seite 82, um deine Chronik wieder zu schließen.

Die vorgestellten Übungen zu früheren Leben funktionieren unabhängig davon, ob du deine eigenen positiven früheren Leben erkundest oder anderen Menschen hilfst, ihre zu erkunden. Die Ergebnisse variieren je nach Empfänglichkeit und Verständnisebene jeder Person. Wie wir jedoch mit »Joe« in Kapitel 5 über Energieheilung in der Chronik gelernt haben, wird die Heilung in jedem Fall bereits auf irgendeiner Ebene begonnen haben, auch wenn es nicht sofort offensichtlich ist.

Wie du mit der Zeit nach einiger Arbeit in deiner Akasha-Chronik feststellen wirst, gibt es viele Heilmethoden zu erforschen. Da dies ein Buch für Anfänger ist, habe ich die Methoden vorgestellt, von denen ich glaube, dass sie die solideste Grundlage für dich bilden. Sie können als kraftvolles Sprungbrett dienen, das dir helfen wird, deine persönliche Reise der spirituellen Heilung und des spirituellen Wachstums anzutreten.

8

Leben mit der Akasha-Chronik

Ich habe durch die Arbeit in der Akasha-Chronik vor allem gelernt, dass sie ihre eigene sich ständig erweiternde Perspektive auf die sich permanent entfaltende Essenz meiner Seele bietet. Als ich mich an diese Perspektive – an diese Höhe des Bewusstseins – gewöhnt hatte, erkannte ich, dass die Arbeit in der Chronik eine radikale Gelegenheit ist, mich selbst und mein ganzes Leben aus einem ganz anderen Blickwinkel zu betrachten. Allmählich erkannte ich auch einige grundlegende Wahrheiten, die ich meine »Absolutheiten« nenne. Aus Sicht der Chronik sind diese Dinge absolut wahr, für absolut jede Seele zu absolut jeder Zeit. Obwohl ich sie unten der Übersichtlichkeit halber nummeriert habe, solltest du wissen, dass sie in keiner bestimmten Reihenfolge aufgeführt sind. Alle Absolutheiten sind von »absolut« gleicher Bedeutung!

Die »Absolutheiten«

1. **Es gibt immer mehr, als das (menschliche) Auge sieht.**
   Aus der menschlichen Perspektive eines einzelnen Lebens können bestimmte Menschen und Ereignisse unangenehm, schrecklich und falsch erscheinen – ja sogar verheerend, wie es bei Naturkatastrophen wie Wirbelstürmen, Tsunamis und Erdbeben der Fall ist. Und sie sind wirklich schrecklich. Doch aus der ewigen Perspektive der Akasha-Chronik gibt es immer mehr, als man auf den ersten Blick sieht – Gründe, die wir nicht verstehen, und letztendliche Vorteile, die wir nicht sehen. Und auch wenn das so ist, re-

den die Meister, Lehrer und Angehörigen unser menschliches Leid niemals klein. Vielmehr geben sie Anregungen, um eine schwierige Situation nicht nur bewältigen, sondern auch ihren karmischen Wert erkennen zu können. Mit ihrer Hilfe können wir die Bedeutung unseres Leidens erkennen und daran wachsen. Und schließlich könnten wir aus der Perspektive der Seelenebene erkennen, dass absolut alle Ereignisse und alle beteiligten Menschen ihren Teil dazu beitragen, uns Möglichkeiten für Wachstum, Klarheit, Sinnhaftigkeit und Heilung zu bieten. Gelegenheiten sehen wir dafür überall um uns herum. Nachdem beispielsweise eine Flut eine Stadt überschwemmt hat, was Menschenleben gekostet, Häuser vernichtet und Geschäfte zerstört hat, wenden sich die Einwohner der Stadt einander zu, um beim Wiederaufbau und bei den Reparaturen zu helfen, während sich die Politiker zusammensetzen, um Möglichkeiten zur Verbesserung der städtischen Infrastruktur zu finden. Ein weiteres Beispiel: Ein unschuldiges Kind wird im Kreuzfeuer einer Bandenschießerei getötet. Das schockiert die ganze Nachbarschaft. Doch nachdem sie ihren herzzerreißenden Verlust betrauert haben, werden die Nachbarn aufgerüttelt: Sie halten Mahnwachen und Bürgerversammlungen ab. Sie organisieren eine Nachbarschaftswache und kümmern sich um ihre Straßen und Parks. Und schließlich wird ihr Viertel zu einem besseren und lebenswerteren Ort.

Trotz des anfänglichen Schmerzes und des Verlustes, den manche Menschen oder Ereignisse verursachen können, zeigt uns die Akasha-Chronik, dass selbst die verheerendsten Umstände Möglichkeiten zur Transformation bieten – Gelegenheiten, bei denen sich ein höheres Ziel zeigt. Ein Ziel, das uns hilft, über die individuellen Bedürfnisse hinaus das Bedürfnis des vereinten Ganzen zu sehen, ist, das ihm innewohnende Gute zu erfahren. Wenn wir Ereignisse auf diese Weise betrachten, können wir erkennen, warum es manchmal den Anschein hat, dass »guten Menschen schlimme Dinge widerfahren«. In Wahrheit sind diese Ereignisse überhaupt nicht persönlich, und keine Person oder Sache ist »gut«

oder »schlecht«. Die ewige Perspektive kennt kein Gut und kein Böse. Dies bedeutet auch, dass keine Person oder Gruppe jemals herausgepickt wird, um Bestrafung oder karmische Vergeltung zu erleben (siehe Absolutheit Nr. 6). Vielmehr ertragen diese mutigen Seelen und Seelengruppen ihre jeweilige Situation, um das Bewusstsein des Planeten zu erhöhen.

2. **Wir sind alle eins.**
   Alle Menschen existieren innerhalb der absoluten Einheit Gottes. Wir können dem, was wir bereits sind, nicht entkommen und uns auch nicht von der Reise unserer Seele zu Gott abmelden. Mit anderen Worten, es gibt kein Fern- oder Abgekoppeltsein von der Einheit. Es gibt nur den Zustand, in dem du dir deiner Existenz innerhalb des Ganzen bewusst wirst. Aus Akasha-Perspektive sind also alle Seelen unterwegs zu der Erkenntnis, dass wir alle eins sind, verbunden und gehalten durch das liebevolle Licht Gottes.
3. **Alles und jeder ist göttlich.**
   Wir sind nicht nur alle eins, auch unsere innere Essenz ist rein göttlich. Irdische Erscheinungen sind manchmal das genaue Gegenteil. Wenn wir in der Akasha-Chronik sind und lange genug suchen, werden wir die göttliche Essenz – diesen Punkt des Lichts und des Guten – in absolut jeder existierenden Seele finden.
4. **Jeder Mensch strebt stets aktiv nach Frieden.**
   Aus Akasha-Perspektive möchte absolut jeder Mensch in einem Zustand des Friedens leben und wird große Anstrengungen unternehmen, um dies zu erreichen. Aus menschlicher Sicht ergeben die Versuche einiger Menschen zum Erreichen des Friedens jedoch wenig bis gar keinen Sinn. Viele Staatsoberhäupter auf der ganzen Welt waren ihrer Meinung nach so sehr darauf bedacht, ihren eigenen Frieden zu sichern, dass sie den Frieden anderer zerstörten. Obwohl ihre Methoden aus Sicht der meisten Menschen auf der Welt ziemlich wahnsinnig erscheinen, waren (und sind) aus Akasha-Sicht selbst diese Seelen auf dem Weg zum Erwachen zu ihrer eigenen Göttlichkeit und zur Erkenntnis ihrer Verbindung mit der Einheit. Manche Seelen brauchen einfach

mehr Leben, um mitfühlende Wege zum Frieden zu finden. Das heißt aber nicht, dass sie nicht dort ankommen. Letztendlich tut das jede Seele.

5. **Reinkarnation hat nichts mit »guten« und »schlechten« Leben zu tun.**
Als ich das Thema Reinkarnation aus einer gewissen Höhe des Bewusstseins heraus verstand, wurde mir klar, dass es dabei nicht um »gute« und »schlechte« Leben geht – etwa ein Leben als Krimineller im Vergleich zu einem Leben als Philanthrop. Stattdessen geht es bei der Reinkarnation um die Reise, die eine bestimmte Seele wählt, um sich ihrer selbst auf der physischen Ebene bewusst zu werden. Diese Reise auf der physischen Ebene ermöglicht es der Seele, sich als göttlich zu erkennen und in ihrem Bewusstsein von sich selbst über die Dauer verschiedener Leben und unter einer Vielzahl von Umständen zu wachsen.

Während eine Seele sich selbst kennenlernt, wird sie mannigfachen Gelegenheiten begegnen, Mitgefühl und Liebe zu lernen, sowohl für sich selbst als auch für andere Seelen. Beispielsweise hat diese Seele in ihrem Leben als »Krimineller« eine einzigartige und mächtige Gelegenheit, die falschen Barrieren aufzulösen, die das Erkennen der eigenen Tugend verhindern. Die Seele kann zu der Erkenntnis kommen, dass die Barriere in der Wahrnehmung liegt und das eigene Verhalten eine Folge dieser *Wahrnehmung* ist. (Mit anderen Worten, wie diese Seele *glaubt*, sich selbst in diesem Leben zu kennen, wird darüber bestimmen, für welche Art zu handeln sie sich entscheidet.) Aber je erleuchteter diese Seele wird, desto mehr wird ihr die absolute Wahrheit bewusst, dass sie ein physischer Ausdruck des unendlichen Lichts ist. Dann steht es ihr frei, großzügig und liebevoll zu sein. Eine solche Erkenntnis kann in einem einzigen Leben stattfinden, wie im Fall des abgestumpften Verbrechers, der »kommt, um das Licht zu sehen«. Alternativ kann es im Verlauf mehrerer Leben stattfinden. So oder so ist es in Ordnung. Da Zeit, wie wir sie kennen, in der Chronik nicht existiert und alle

Seelen ewig sind, haben wir alle »Zeit« und alle Leben, die wir brauchen.

6. **Beim Karma geht es nicht um Belohnung und Bestrafung.** Nachdem ich erkannt habe, dass Reinkarnation die Reise aller Seelen ist, die zu ultimativer Herzensgüte und Einheit führt, habe ich auch entdeckt, dass Karma keinen strafenden Aspekt hat. Vielmehr handelt es sich beim Karma um mehrere Beziehungen von Ursache und Wirkung, die uns entdecken lassen, welche Ergebnisse bei verschiedenen Arten von Entscheidungen herauskommen. In der Akasha-Chronik ist die entsprechende Bewertung immer auf Mitgefühl gegründet. Die Meister, Lehrer und Angehörigen fällen niemals ein Urteil über unsere Taten. Sie helfen uns lediglich, sie zu verstehen. Sie wissen, dass wir unser Potenzial ausschöpfen werden, und machen uns nicht fertig, weil wir es noch nicht geschafft haben. Stattdessen offenbaren sie sowohl die Motivationsfaktoren, die unseren Handlungen vorausgegangen sind, als auch die Ergebnisse, die ihnen höchstwahrscheinlich folgen werden. Es liegt dann (und auch sonst immer) an uns, die als Nächstes zu ergreifenden Maßnahmen zu wählen. Was aus dieser Handlung resultiert, wird unser Karma erschaffen. Es ist nicht gut, es ist nicht schlecht. Es *ist* einfach.

Wenn wir uns Karma nicht als Belohnung und Bestrafung vorstellen, sind wir frei, uns selbst mit Akzeptanz und Verständnis zu betrachten. Aus Sicht der Chronik kann ich also mit absoluter Gewissheit sagen, dass ich ein Mensch bin, der sich seiner angeborenen Gutherzigkeit und seiner innewohnenden »Göttlichkeit« zunehmend bewusst wird. In diesem Moment und in allen Momenten bin ich restlos liebevoll und heil. Ich erinnere mich nur nicht immer an diese Tatsache. Aber bei Gott, ich arbeite daran! Und was ich sehe, wenn ich durch die Augen der Chronik schaue, schließt jede Notwendigkeit der Vergebung aus, weil es keine Verurteilung gibt. Es gibt nur eine einmalige Liebesgeschichte: die Geschichte von der Existenz meiner Seele. Obwohl die Reise manchmal voll von schrecklichen Nöten und Kämpfen ist, ist sie gleichermaßen mit unaussprechlichem Reichtum und Liebe gesegnet. Und auf der ganzen Reise verliebe ich mich immer mehr in das Eine, das wir sind, während ich einen kurzen Blick auf mein wahres Selbst in den Augen anderer Seelen erhasche. Wie dankbar ich bin, in diesem Moment am Leben zu sein und die Welt aus dieser Bewusstseinshöhe zu betrachten. Wie schön wir alle im Licht der Akasha-Chronik erscheinen!

Die drei *Nichts*

Die Kurzfassung von allem, was ich gerade gesagt habe, nenne ich »Die drei Nichts«: Fürchte dich nicht. Urteile nicht. Widersetze dich nicht. Dies sind die Richtlinien, nach denen unsere Meister, Lehrer und Angehörigen uns leben lassen würden – wenn sie entscheiden dürften.

Mir ist klar, dass einem diese drei wie eine große Aufgabe vorkommen können! Denke daran, dass dieses Leben eine Reise ist. Wir haben *weniger* Angst auf unserem Weg zum »Fürchte dich nicht«. Auf unserem Weg zum »Urteile nicht« urteilen wir *weniger*. Wir widersetzen uns *weniger*, bis wir uns nicht mehr widersetzen. Und so funktioniert es.

Fürchte dich nicht

Nachdem wir eine Weile in der Akasha-Chronik gearbeitet haben, entspannen wir uns allmählich, weil wir sehen können, dass jede mögliche existierende Situation zum höchsten Wohle aller gelöst wurde oder gelöst werden wird. Das mag nicht heute und vielleicht noch nicht einmal in diesem Leben geschehen, aber jedes Problem führt tatsächlich zum Frieden und zum Guten. Das Spiel des Lebens ist so lange nicht zu Ende, bis wir Seelen dieses gemeinsame Ziel erreicht haben.

Wir können auch erkennen, dass es einen Teil von uns gibt, der unzerstörbar ist, den nichts auslöschen kann, der für immer weiterlebt. Wir sehen, dass wir Leben in schrecklicher Armut, mit Krieg, Naturkatastrophen und voll menschlicher Grausamkeit erfahren haben. Und dennoch sind wir immer noch intakt. Die Essenz unseres Seins ist unveränderlich. Nichts kann uns von der grundlegenden Göttlichkeit in uns trennen, und wenn wir dies als wirklich und wahr erkennen, wird die Angst immer weniger, bis es nichts mehr zu fürchten gibt.

Urteile nicht

Aus Sicht der Chronik erkennen wir allmählich, dass wir nicht die Richter des Universums sind, nicht die Richter anderer und nicht einmal unsere eigenen Richter! Wirklich! Wir sehen, dass alle Menschen, uns eingeschlossen, in ihr eigenes Bewusstsein hineinwachsen, ihre eigene Autorität entwickeln und Entscheidungen für sich selbst treffen. Es wird überdeutlich, dass andere Menschen durchaus fähig sind und wir ihnen ihr eigenes Leben anvertrauen und ihre eigenen Entscheidungen zutrauen können. Wir sind nicht »verantwortlich« oder in einer autoritären Position, um andere zu beurteilen.

Natürlich treffen wir immer noch Entscheidungen für uns selbst, denn dies ist der einzige Bereich, in dem wir Autorität und Macht haben. Auch andere Menschen können ihre eigenen Entscheidungen treffen, selbst wenn wir nicht damit einverstanden sind. Wenn das passiert, können wir uns nur überlegen, ob wir mitmachen oder nicht. So oder so, das Einzige, was wir »beurteilen« können, ist, was für uns angemessen ist.

Widersetze dich nicht

Wenn es keinen Grund zu urteilen und nichts zu befürchten gibt, bleibt uns nur noch, dem zu widerstehen, was uns nicht behagt. Die Ursachen für dieses Unbehagen sind von Person zu Person und von Leben zu Leben sehr unterschiedlich. Manche Menschen fühlen sich mit Konflikten in Beziehungen unwohl oder sogar mit zu viel Erfolg. Anderen Menschen kann Demütigung oder beschämendes Verhalten unangenehm sein. Warum auch immer wir Widerstand leisten und uns von dem abwenden, was uns Unbehagen bereitet, fangen wir an, eine energetische Mauer zu errichten. Diese Mauer wächst immer weiter um uns herum, bis genau das, wogegen wir uns wehren, zur undurchdringlichen Barriere wird.

Widerstand ist Ablehnung. Wenn ich mich einem Teil von mir widersetze, lehne ich diesen Teil von mir ab. Wenn ich mich einer Person widersetze oder dem, was diese Person mir zu geben versucht, lehne ich alles an ihr oder einen Teil dieser Person ab. Wenn ich mich nicht dagegen wehre, sondern etwas einfach so lasse, wird es fröhlich seinen Lauf nehmen. Wenn ich mich beispielsweise meinen verletzten Gefühlen über etwas widersetze, werden sie sich um mich herum und in mir aufbauen und undurchdringlich werden. Wenn ich jedoch einfach mit meinen verletzten Gefühlen *sein* kann, kann ich sie schließlich loslassen und Platz für andere Gefühle schaffen.

Die drei *Nichts* zu praktizieren ist deshalb so wichtig, weil du dir damit selbst die Chance gibst, in der Chronik noch mehr zu wachsen. Mach in einem Tempo weiter, das sich angenehm anfühlt. Geh einen Schritt nach dem anderen, begib dich in eine Situation nach der anderen,

Im Januar 2008 nahm ich an einem Akasha-Kurs zum Selbststudium teil, in dem ich gebeten wurde, in meine Chronik zu gehen und mir etwas auszusuchen, das ich in meinem Leben manifestieren möchte. In meiner Chronik wusste ich, dass ich wieder Liebe in meinem Leben haben wollte und dazu bereit war. (Ich war seit sieben Jahren geschieden.) Ich war ein wenig besorgt, aber ich entschied, dass dies mein Ziel für den Unterricht sein sollte.

Ein paar Tage später lernte ich jemanden kennen. Als ich mich auf die Unterrichtsstunde über das Herz vorbereitete, sagte er mir, dass er mich liebe. Als ich die Unterrichtsstunde über den Geist erkundete, hatte ich eine Vision von uns beiden, wie wir in einem Ort in den Bergen lebten. Bevor ich ihm von meiner Vision erzählen konnte, fragte er mich, ob ich in Urlaub in North Carolina machen wolle – in den Bergen! Er sagte, er wolle vielleicht eines Tages dorthin zurückziehen, und wollte, dass ich es mir anschaue.

Ein paar Monate nachdem ich den Kurs beendet hatte,

und bitte um Hilfe, wenn du sie brauchst. Wenn du das anwendest, was dir gegeben wurde, wird mehr zu dir kommen. Die Idee ist, in das unendliche Licht hineinzuwachsen, nicht davon überwältigt oder geblendet zu werden.

verlobte ich mich mit meinem Mann. Ein Jahr später heirateten wir.

– Cindy

Abschließende Gedanken zur Akasha-Chronik: Die Vergangenheit, die Gegenwart … und die Zukunft

Ich habe bereits erklärt, dass die Akasha-Chronik die Geschichte deiner Seele über mehrere Leben hinweg enthält und dass die aktuelle Inkarnation ihre eigene einzigartige Geschichte hat. Doch was ist mit der Zukunft? Auch die Möglichkeiten und Wahrscheinlichkeiten deiner Zukunft sind in deiner Chronik festgehalten.

Wenn wir die Chronik nutzen, damit sie uns auf unserem Weg in die Zukunft leitet und unterstützt, sehen wir ihre tiefste Bedeutung und ihren wahren Wert. Wenn du diese Führung einbringst und dich auf die Energie der Chronik verlässt, wird deine eigene Zukunft die Form des Lebens annehmen, das du dir immer gewünscht hast. Nicht jedes Detail wird so sein, wie du es dir ursprünglich vorgestellt hast, aber die allgemeine Richtung und Qualität deines Lebens wird sich mit deiner ursprünglichen Absicht decken. Wenn du dir also ein Leben voller Abenteuer gewünscht hast, wirst du es bekommen. Wenn du dir ein Leben voller Leidenschaft gewünscht hast, wird es passieren. Was auch immer deine Seele gesucht hat, du wirst es schließlich finden. Du wirst immer mehr in deinen ganz persönlichen Himmel auf Erden hineinwachsen. Wird es ein Leben ohne Herausforderungen, Hindernisse und Stress? Natürlich nicht. Es wird ein menschliches Leben mit körperlichen Ereignissen, geistigen Aktivitäten und emotionalen Umwälzungen sein. Du wirst es jedoch von einem Ort der Gnade aus leben, damit du, mein Freund und neuer Akasha-Praktizierender, wenn sich die Umstände entsprechend entwickeln, entdeckst, dass du in der Lage bist, glücklich, freundlich, respektvoll und großzügig zu sein, selbst wenn die Dinge nicht so laufen, wie du willst. Je mehr du die Chronik nutzt, desto mehr kannst du dein Leben genießen. Dein Leben wird immer mehr zu dem werden, was du immer wolltest.

Noch etwas anderes möchte ich dich wissen lassen: Deine Seelenverwandten und Reisebegleiter werden dich finden, wenn das Licht in dir heller scheint als je zuvor. Es wird dir so viel leichterfallen, diese gleichgesinnten Seelen zu erkennen, und ihr werdet eine wundervolle Zeit zusammen haben. Wenn ihr euch zum ersten Mal persönlich begegnet, wird es dir wie ein Wiedersehen langjähriger Freunde vorkommen. Und weißt du was? Genau das ist es!

Ich möchte dir dafür danken, dass du auf die innere Eingebung und das Drängen reagiert hast, dieses Buch in die Hand zu nehmen. Es ist ein mutiger und schöner Schritt, den Ruf deiner Seele zu würdigen und dich auf den Weg zu machen. Du sollst wissen, dass du niemals allein bist, niemals verloren. Öffne einfach deine Akasha-Chronik und bitte um Hilfe. Obwohl sich deine Meister, Lehrer und Angehörigen niemals einmischen werden, sind sie immer gern bereit zu helfen. Wenn du die Chronik gemeinsam mit deinen Freunden öffnest, könnt ihr auf bemerkenswerte und kraftvolle Weise füreinander da sein. Für dich allein wirst du ein starkes Licht sein. Aber gemeinsam werdet ihr ein vitales, strahlendes Zentrum des Lichts sein.

Wir leben in einer faszinierenden Zeit. Unser Zeitalter unterscheidet sich von allen anderen durch die Idee, dass einzelne Menschen nun in der Lage sind, die Verantwortung für ihre eigene Erkenntnis und ihre Beziehung zu ihrer eigenen spirituellen Autorität zu übernehmen. Dies ist eine befreiende Vorstellung für den Einzelnen und potenziell gefährlich für den Status quo.

Im Laufe der Geschichte ist die Menschheit in das Verständnis hineingewachsen, dass sie »etwas zu sagen« hat oder selbst eine Autorität ist. Wir ringen seit Jahrhunderten mit Vorstellungen von unserer Beziehung zu Autoritäten, sowohl den menschlichen als auch den göttlichen. Die Bewegung hin zu einer verantwortungsvollen Beteiligung hat in den letzten Jahrhunderten an Dynamik gewonnen, was durch Revolutionen wie die in den Vereinigten Staaten (1776) und Frankreich (1789) veranschaulicht wird.

Heute bewegen wir uns über das Zeitalter der nationalen Identität hinaus in ein Zeitalter der Einheit oder des weltweiten Dorfes. Ermöglicht wurde dies durch brillante, ausgefeilte Technologien, die uns in den letzten zwanzig Jahren zur Verfügung gestellt wurden. In den Vereinigten Staaten ist die politische Partizipation größer als zu jeder anderen Zeit in unserer Geschichte und schließt verschiedene Teile der Bevölkerung mehr ein. Einerseits stehen wir am Rande einer Katastrophe. Auf der anderen Seite sind wir bereit, in ein Zeitalter einzutauchen, dessen Möglichkeiten unsere kühnsten Träume übertrifft. Wir sind uns allgemein einig darüber, dass unsere alten Ideen nicht mehr funktionieren und dass unser gesamter Planet unter unserem eingeschränkten Gefühl der Verbundenheit mit der Erde und unserem begrenzten Verantwortungsbewusstsein für sein Wohlergehen leidet. Auf Kollisionskurs mit globalen Katastrophen in allen Bereichen – Wirtschaft, Politik, Gesundheitswesen und Ressourcenverteilung – können wir uns den Luxus unserer Egozentrik einfach nicht mehr leisten. Wir alle haben Angst davor, für uns selbst in der Zeit der allgemeinen Gier einzustehen. Und wir fangen gerade erst an zu verstehen, dass wir durchaus etwas bewirken können und dass niemand sonst zu unserer Rettung kommen wird. Uns wird klar, dass wir eine Rolle für das Wohlergehen unserer Welt spielen müssen.

Was das Spirituelle betrifft, da haben wir uns darauf verlassen, dass uns Institutionen, Organisationen und sogar unser eigener Verstand das Gefühl der Macht geben, das wir wollen. Wir haben geglaubt, dass es uns gelingen würde, die Pipeline (von deren Existenz wir wissen) spiritueller Lebendigkeit anzuzapfen, wenn wir einfach alles ordnen und unseren Weg mit unserem gut trainierten Verstand finden könnten. Aber das hat nicht geklappt. Das *Nachdenken* über Spiritualität hat uns keine Macht verliehen. Wir haben sicherlich viel gelernt, aber die Illusion, dass wir über unseren Verstand Zugriff auf spirituelle Macht bekommen können, hat sich in Rauch aufgelöst. Wir

Als ich zum ersten Mal Zugang zur Akasha-Chronik bekam, erlebte ich ein bisher nie dagewesenes Gefühl der bedingungslosen Liebe und Unterstützung. Ich wusste, dass es Weltfrieden bringen würde, wenn jeder solche Erfahrungen mit der Chronik machen könnte. Ich fragte mich: »Wie könnte es auf der Welt überhaupt zu Konflikten und Verzweiflung kommen, wenn sich jeder so gut fühlen würde?« Ich machte es zu meiner Aufgabe, diese Liebe aus der Chronik auf dem Planeten zu verankern.

Die Chronik verdeutlichte mir, dass ich zuerst meine eigenen negativen Urteile über mich und mein Leben ablegen musste, wenn meine Mission erfolgreich sein sollte. Ich wurde ermutigt, mich mehr auf das zu konzentrieren, was an mir richtig war, als auf das, was ich als falsch empfand. Ich hörte auf, mich mit anderen zu vergleichen, und lernte, meine eigene Individualität wirklich zu respektieren und zu ehren. Ich fing an, mein Leben im Bewusstsein meiner eigenen Großartigkeit zu leben. Seitdem teile ich von die-

haben die Regeln und Gebote sowohl der östlichen als auch der westlichen Religionen befolgt, und dies war ein durchaus hilfreicher Anfang. Es war jedoch nicht der erhoffte Katalysator, uns direkt in die spirituelle Macht treiben zu können. Das Zeitalter, in dem wir den Kopf gesenkt und den Mund gehalten haben, ist vorbei. Das Warten darauf, dass jemanden vorbeikommt, der stärker, besser und klüger ist als wir und alles entwirrt und versteht, ist vorbei. Die Hoffnung, dass jemand auftaucht, um uns zu führen und das Ruder übernimmt, um uns aus dem Morast zu ziehen, ist nicht wahr geworden. Uns ist klar, dass der alte Weg nicht funktioniert. Er war bis zu einem gewissen Punkt erfolgreich, aber er kann uns nicht in die Erfahrung spiritueller Kraft führen, die wir im täglichen Leben nutzen können. Die ermutigende Nachricht ist, dass die Akasha-Chronik genau das kann.

Das Pathway-Gebetsprozesses für den Zugang zum Herzen der Akasha-Chronik ist deshalb von solcher Bedeutung, weil es sich dabei um einen spirituellen Weg in eine spirituelle Dimension handelt, die Energie, Macht und Weisheit enthält. Das Pathway-Gebet führt uns in das Herz dieser Dimension, damit die Energie (Macht) und die Information (Weisheit) das *Herz* informieren und nutzen und damit es den Verstand und den Willen lenken kann. Der Verstand ist wunderbar, aber er hat nicht das geleistet, was wir uns für die Menschheit erhofft hatten. Er gibt nicht das, was echte Menschen brauchen: nämlich Sensibilität und Mitgefühl. Wissen ist wichtig, aber ohne die Führung des Herzens ist es unvollständig. Der Wille ist entscheidend dafür, dass sich die Ideen des Geistes manifestieren. Doch ohne das Herz kann der Wille kalt und rücksichtslos sein. Wenn das Herz nicht zu Wort kommt, kann der Wille Ergebnisse entwickeln, die letztendlich unbefriedigend sind.

sem Standpunkt aus jene Weisheit und Unterstützung, welche die Chronik für die Menschheit bereithält.

– Christine

An diesem Punkt in der Geschichte der spirituellen Entwicklung der Menschheit ist es an der Zeit, dass der Einzelne direkten Zugang zu spirituellen Ressourcen hat. Der Pathway-Gebetsprozess bietet direkten Zugang zur spirituellen Quelle der Akasha-Chronik, und dieses Buch ist das Trainingsinstrument, mit dessen Unterstützung du deine eigene Beziehung zur spirituellen Kraft kultivieren kannst. Das ist eine neue Vorstellung. Sie gründet sich auf dem Bewusstsein, dass niemand das göttliche Potenzial in sich trägt, unser Leben für uns zu verändern. Dieses neue Verständnis geht davon aus, dass jeder von uns das gleiche Licht in sich trägt und niemand unseren Teil für uns tun kann. Nur ich kann meinen Teil tun, und nur du kannst deinen tun. Wir können nicht länger darauf warten, dass jemand von außen kommt und uns aus unserem jeweiligen Dilemma herausholt und in den Fluss der spirituellen Lebenskraft bringt, sei es auf der persönlichen oder auf der globalen Ebene.

Zum ersten Mal in der Geschichte der Menschheit sind alle Menschen aufgerufen, eine neue und wunderbare Chance zu ergreifen und nach besten Kräften daran teilzuhaben. Die Teilhabe ist jetzt selbstbestimmt: Ich kann mitmachen, wenn ich will. Niemand anderes entscheidet für mich. Die Teilhabe basiert nicht mehr auf Geschlecht, Herkunft oder sozialer Klasse. Verantwortung zu übernehmen und seinen Beitrag zu leisten ist eine individuelle Entscheidung. Jeder von uns kann sehen, was getan werden muss, und hat den Anstand, es zu tun. Ich habe die Fähigkeit und die Energie in mir, meinen individuellen Beitrag zu leisten. Ich habe jedoch weder die Fähigkeit noch die Energie, deinen Teil zu übernehmen. Genauso wenig hast du das Zeug dazu, meinen Teil zu leisten, aber du hast genau das, was nötig ist, um zu tun, was du am besten kannst. Dies ist ein fabelhaftes System, und es steht in direktem Zusammenhang damit, dass die Akasha-Chronik jedem zur Verfügung steht, der darauf zugreifen möchte. Tief drinnen in jedem Menschen ist ein klares und tiefes Gespür für die göttliche Essenz. Es mag unter allen möglichen ungelösten Problemen und Ängsten begraben sein, aber du kannst sicher sein: Es ist da. Die Akasha-Chronik bietet eine Möglichkeit, eine bewusste, direkte Beziehung zur göttlichen Gegenwart zu pflegen, und zwar in einem intimen und überschaubaren Rahmen. Die Chronik wird für nicht klerikale Menschen wie dich und mich geöffnet – für Menschen, die die Hoffnung für die Zukunft sind.

Die Menschheit ruft schon sehr lange um Hilfe. Hilfe wurde zuerst religiösen Oberhäuptern gewährt, dann Spitzenpolitikern und Wirtschaftsgrößen und externen Organisationen. Aber in den Händen dieser »Anderen« hat noch kein signifikanter globaler Wandel stattgefunden. Globaler Wandel muss nämlich beim Einzelnen anfangen und von innen kommen. Die Übertragung und Aktivierung des globalen Wandels beginnt, wenn eine Seele das göttliche Licht in einer anderen erkennt. Überall auf der Welt haben einzelne Seelen angefangen, »Einschlüsse« aus einzelnen Lichtpunkten zu bilden. Wenn diese Lichteinschlüsse einander erkennen, bilden sie eine »Decke« aus Licht, die am Ende zusammenfindet und den gesamten Planeten bedeckt. Sie strahlt das Beste von dem aus, was wir sind, und magnetisiert das Beste in den Menschen um uns herum. Wenn dieses Licht anderem Licht begegnet, wird es unsere Wirklichkeit verändern.

Diese Bewegung des inneren spirituellen Bewusstseins ist bereits im Gange und wird andauern, bis jede einzelne Person im Licht der Wahrheit als die gesehen wird, die sie ist. Wenn sich dieses Licht ausbreitet, bildet es eine Schicht des Lichtbewusstseins des Wohlwollens, des Friedens und der Harmonie, die alle unsere menschlichen

Bemühungen unterstützt, das Leben in jeder Hinsicht für alle funktionieren zu lassen.

Du, liebe Leserin, lieber Leser, hast durch eine innere Eingebung zu diesem Buch gefunden. Es ist kein Zufall, dass du es jetzt in Händen hältst. In dir ist bereits etwas aktiv, das dich zu dieser Bewegung geführt hat. Die Herren der Chronik rufen dich auf, mit der Transformation zu beginnen, die du anstrebst. Deine Meister, Lehrer und Angehörigen warten nur darauf, dir all die energetische Unterstützung und Weisheit zu geben, die du brauchst, um dein unglaubliches Potenzial auszuschöpfen. Dies ist deine Zeit, genau jetzt.

Wir sind eine Generation im Übergang. Unsere Eltern wussten weder von persönlicher Verantwortung in der Art, wie wir sie heute kennen, noch haben sie jemals daran gedacht, direkten Zugang zu ihrer eigenen spirituellen Autorität haben zu wollen. Nun, einige hatten diesen Zugang, aber ihre Generation als Ganzes nicht. Die Akasha-Chronik war bisher nicht allgemein verfügbar, weil das Massenbewusstsein ausreichend entwickelt sein musste, um mit dieser Ressource umgehen zu können. Das ist jetzt passiert. Wir haben eine regelrechte Explosion der Meditation, Herz-Geist-Verbindungsarbeit, persönlichen Heilung und Lichtheilung bei uns selbst und anderen erlebt. All diese Methoden haben es den Massen ermöglicht, die nötige Reife zu entwickeln, um die Akasha-Chronik bestmöglich für persönliches Wachstum und globale Heilung nutzen zu können. Unsere Kinder brauchen ein solches Werkzeug vielleicht gar nicht mehr. Sie könnten wie selbstverständlich davon ausgehen, dass sie Anspruch darauf haben, Einsicht und Unterstützung aus der spirituellen Quelle ihrer Wahl zu erhalten. Wir sind die Generation, die eine entsprechende Ausbildung braucht. Wir sind die Brücke des Lichts. Wenn wir diese Brücke mit dem Pathway-Gebetsprozess bauen, machen wir es der nächsten Generation leichter. Unsere Nachkommen werden es als die natürlichste Sache der Welt empfinden, eine unmittelbare, bewusster Beziehung zu ihrer inneren Göttlichkeit und ihrem entsprechenden Ausdruck im Universum zu haben.

Und deshalb, meine Freunde, bin ich euch so dankbar, dass ihr euch zusammen mit so vielen anderen auf den Weg gemacht habt, um ihn im Licht der Wahrheit zu gehen, im Licht des Friedens, im Licht der Kraft, im Licht der Liebe. Wir halten zusammen, stehen Seite an Seite und schreiten in unserem gewöhnlichen Leben mit einer außergewöhnlichen Perspektive voran. Du bist ein Lichtpunkt in einem erstaunlichen, unendlichen Licht, das alles Leben und jede Seele im Universum durchdringt. Du sollst wissen, dass ich weiß, dass es ein Licht gibt, das nur du aussenden kannst. Ich weiß, dass dein Licht einzigartig ist und entscheidend für die Erleuchtung der ganzen Menschheit. Gemeinsam werden unsere Lichter leuchten und den Weg für alle erhellen, die sich uns anschließen wollen. Du wirst wissen, wann der richtige Zeitpunkt für dich gekommen ist. Und wenn dieser Moment gekommen ist, wirst du deine Füße auf den Weg bringen. Und gemeinsam werden wir schaffen, was wir allein niemals schaffen könnten.

Alles Liebe und viel Segen
Linda Howe

Weitere Ressourcen

Chaney, Robert: *Akashic Records. Past Lives & New Directions.* Upland, CA: Astara, 1996.

Dowling, Levi H.: *Das Wassermann-Evangelium von Jesus dem Christus.* Heyne, München 1998.

Howe, Linda: *How to Read the Akashic Records.* 6 CDs. Boulder, CO: Sounds True, 2009.

Laszlo, Ervin: *Der Akasha-Code. Wie das kosmische Bewusstseinsfeld uns beeinflusst.* ViaNova, Petersberg 2010.

Todeschi, Kevin J.: *Edgar Cayce on the Akashic Records. The Book of Life.* Virginia Beach, VA: A.R.E. Press, 1998.

Wenn du mehr über das Arbeiten in der Akasha-Chronik erfahren möchtest, nimm bitte Kontakt mit Linda Howe am *Center for Akashic Studies* auf. Das Zentrum bietet einen Studiengang an, der Gruppenunterricht, Einzelunterricht und Telefonkonferenzen umfasst. Linda entwickelt ständig neue Kurse, weil die Akasha-Chronik ständig neue Themen für den (göttlich) »inspirierten Lehrplan« des Zentrums verfügbar macht. Linda kommt auch gern in deine Stadt, um mit dir und den Menschen, die du liebst, zu arbeiten.

Center for Akashic Studies
7422 West Madison, Forest Park, IL 60130
(708) 771-5830 • akashicstudies.com

Anhang: Der Pathway-Gebetsprozess für den Zugang zum Herzen der Akasha-Chronik (gekürzte Version)

Diese gekürzten Anweisungen für den Pathway-Gebetsprozess dienen der komfortableren Verwendung, wenn du bereits mit dem Gebet vertraut bist. Eine vollständige Schritt-für-Schritt-Anleitung findest du ab Seite 81 ff. und 105 ff.

Anweisungen zum Öffnen und Schließen der Akasha-Chronik für sich selbst und andere

Deine eigene Akasha-Chronik öffnen:

- Sprich die Zeilen 1 bis 10 des Eröffnungsgebets laut, und füge je nach Bedarf »mich« oder »ich« ein.
- Wiederhole die Zeilen 8 bis 10 noch zweimal still für dich.
- Kündige das Öffnen der Chronik an, indem du Zeile 11 laut ausprichst.

Die Chronik einer anderen Person öffnen:

- Sprich die Zeilen 1 bis 5 des Eröffnungsgebets laut.
- Sage die Zeilen 6 bis 7 einmal still.
- Sage die Zeilen 8 bis 10 einmal laut, und füge den Vornamen der Person ein.

- Wiederhole die Zeilen 8 bis 10 noch zweimal im Stillen, und füge den aktuellen offiziellen Name der Person oder gegebenenfalls »sie/ihn« ein.
- Kündige das Öffnen der Chronik an, indem du Zeile 11 laut ausprichst.

Die Chronik schließen:
Lies das Schlussgebet laut vor.

Eröffnungsgebet

1. Und so erkennen wir die Kräfte des Lichts an
2. und bitten um Beratung, Anleitung sowie den Mut, die Wahrheit zu erkennen,
3. denn sie wird offenbart zu unserem höchsten Wohle und dem höchsten Wohle von
4. allen, die mit uns verbunden sind.
5. O Heiliger Geist Gottes,
6. beschütze mich vor allen Formen der Selbstzentriertheit,
7. und lenke meine Aufmerksamkeit auf die Arbeit daran.
8. Hilf mir, (mich selbst/Vorname der gelesenen Person) im Licht der Akasha-Chronik zu erkennen,
9. (mich selbst/Vorname der gelesenen Person) mit den Augen der Herren der Chronik zu sehen,
10. und befähige mich, die Weisheit und das Mitgefühl zu teilen, die die Meister, Lehrer und Angehörigen von (mir/Vorname der gelesenen Person) für (mich/ihn/sie) haben.
11. Die Chronik ist jetzt geöffnet.

Schlussgebet

Ich möchte den Meistern, Lehrern und Angehörigen danken
für ihre Liebe und ihr Mitgefühl.
Ich möchte den Herren der Akasha-Chronik danken für ihre Sichtweise.
Und ich möchte dem Heiligen Geist des Lichts danken für alle Erkenntnisse und die Heilung.
Die Chronik ist nun geschlossen. Amen.
Die Chronik ist nun geschlossen. Amen.
Die Chronik ist nun geschlossen. Amen.

Anleitung für das Lesen in der Gruppe

Alle unten aufgeführten Fragen sollen dich auf deiner Reise durch den im Buch vorgestellten Lernprozess unterstützen. Sie sollen zunächst für dich allein und dann in der Gruppe beantwortet werden. Es ist entscheidend, sich in diesen beiden Situationen mit den Fragen zu beschäftigen. Wahre spirituelle Entwicklung erfordert eine intime Selbstprüfung. Private, persönliche Selbsterkundung kann nur von dir und nur für dich erfolgen. Indem du deine innere Arbeit für dich allein tust, stärkst und vertiefst du deine Beziehung zu dir selbst. Auch wenn du die Fragen für dich selbst beantwortest, ist es von Vorteil, deine Antworten so genau wie möglich zu formulieren und dir die Möglichkeit zu geben, deine Antworten zu prüfen.

In der zweiten Phase geht es um die Interaktion mit anderen, die auf demselbem Weg sind. Dieses Buch mit einer Gruppe gleichgesinnter Menschen durchzuarbeiten ist eine wirkungsvolle Möglichkeit, dein eigenes spirituelles Wachstum zu beschleunigen. Deine Wahrheiten mit anderen zu teilen, die hören können, was du sagst, bringt dich voran. Zuhören überprüft deine eigene Reise, verbindet dich mit deinen Reisebegleitern und erweitert dein Bewusstsein und dein Verständnis, was wiederum deine Erfahrung bereichert. Geben durch Sprechen und Empfangen durch Zuhören trägt zur Etablierung einer Konvergenzzone für die Energie der Chronik bei, in der die Entfaltung jedes Individuums in der Gruppe – und der Gruppe als Ganzes – unterstützt wird. Achte darauf, wie wohl du dich fühlst, wenn du deine Erkenntnisse mit deiner Lesegruppe teilst. Ergreife die Chance, und teile etwas mehr als sonst, um dich selbst ebenso zu stärken wie die Mitglieder deines Lesekreises. Genieße es.

I. Denke über deine persönliche Geschichte nach

Eine der vorgestellten Grundideen in diesem Buch ist, dass die Akasha-Chronik die Blaupause deines perfekten Selbst enthält. In ihr findest du die Geschichte deiner spirituellen Entwicklung im Laufe der Zeit einschließlich der Liste aller Leben, die du auf deiner Reise gelebt hast, um dein ideales Selbst zu entdecken und deinen Alltag als diese Person zu leben. Genau wie die Autorin die Geschichte ihrer spirituellen Reise in diesem Leben erzählt, solltest du über deine eigene Geschichte nachdenken.

1. Welche Ereignisse haben dich in diesem Leben vorangebracht? Hast du das Gefühl, dass die Art und Weise, wie sich dein Leben entfaltet, einen höheren Sinn hat? Warum oder warum nicht?
2. Hältst du dich für »spirituell«? Warum oder warum nicht? Was bedeutet es für dich, ein »spiritueller« Mensch zu sein?
3. Gibt es in diesem Leben eine dominierende Frage für dich? Gibt es ein zentrales Thema, das du in Einklang zu bringen versuchst?
4. Wie entwickelt sich deine spirituelle Reise im Laufe deines Lebens?

II. Deine Suche

Die Autorin nimmt an, dass du dieses Buch liest, weil du von einer »inneren Eingebung« berufen oder aufgefordert wurdest, zur Akasha-Chronik zu finden.

1. Was glaubst du, warum dich die Akasha-Chronik angezogen hat? Glaubst du, dass es einen göttlichen Grund gibt, aus dem du dieses Buch liest?
2. Welches Ereignis in deinem Leben lässt dich denken, es sei an der Zeit zu lernen, wie man die Chronik liest?
3. Welche Personen oder Umstände haben dich damals beeinflusst, als du dieses Buch gefunden hast? Inwiefern hast du dich in die-

ser Phase deiner spirituellen Reise vom Universum unterstützt gefühlt?

III. Deine Arbeit in der Chronik

1. Glaubst du, du warst vorher jemals rein zufällig in der Akasha-Chronik? Wenn ja, was war passiert? Was lässt dich glauben, dass du damals in der Chronik warst?
2. Hast du mithilfe einer anderen Methode wie Reiki oder Hypnose in der Chronik gearbeitet? Mit welchen Ergebnissen?
3. Was erhoffst du dir davon zu lernen, wie man die Akasha-Chronik liest?

IV. Intuition und die Akasha-Chronik

Die Unterscheidung zwischen Intuition und Akasha-Chronik ist wichtig genug, dass sie hier einen eigenen Abschnitt verdient!

1. In diesem Buch erklärt die Autorin, wie sich Intuition und Akasha-Chronik unterscheiden. Leuchtet dir ihre Erklärung ein? Warum oder warum nicht?
2. Handelst du intuitiv? Wenn ja, auf welche Weise? Wenn nein, warum nicht?
3. Was bedeutet es, ein »intuitiver« Mensch zu sein? Wie stehst du zu sogenannten Intuitiven? Was denkst du über Menschen, die intuitiv agieren?
4. Hast du jemals versucht, deine Intuition bewusst zu entwickeln? Wenn ja, wie? Mit welchen Ergebnisse? Wenn nein, warum nicht?

V. Die Gesellschaft, die du pflegst

Die Autorin zeigt die entscheidenden Unterschiede zwischen Engeln, Heiligen und Geistführern auf der einen und Meistern, Lehrern, Angehörigen sowie Herren der Chronik auf der anderen Seite. Die erste Gruppe wird dem Leser durch Persönlichkeit und Identität bekannt gemacht, die zweite durch ihre Energie.

1. Fühlst du dich wohl bei der Vorstellung eines energetischen Wesens ohne eine bestimmte Persönlichkeit?
2. Ist Energie real für dich? Wie hast du die Gegenwart von Energie in deinem Leben erlebt?
3. Hast du eine aktuelle Beziehung zu Engeln, Heiligen und Geistführern?
4. Welche Rolle spielt diese Beziehung in deinem spirituellen Leben?

VI. Ein anderer Blickwinkel

Die in der Chronik verfügbare »Bewusstseinshöhe« ermöglicht es einer Person, sich selbst und andere aus einem anderen Blickwinkel zu betrachten.

1. Was meint die Autorin deiner Ansicht nach mit »Bewusstseinshöhe«? Was bedeutet dieses Wort für dich?
2. Hast du schon einmal von einem solchen Blickwinkel profitiert? War er hilfreich für dich?

VII. Gott

Die Autorin spricht über ihr Verständnis von Gott und der Chronik als Weg zum göttlichen Bewusstsein.

1. Wie verstehst du Gott und wie nicht? Was ist deine Vorstellung von Gott? Was sind deiner Erfahrung nach die Hauptmerkmale oder Eigenschaften Gottes?

2. Wie geht es dir mit dem Wort *Gott*? Benutzt du es in deinem eigenen Leben? Warum oder warum nicht?
3. Was denkst du über die Beziehung zwischen Spiritualität und Gott und über Gott jenseits einer Religion?
4. Hast du in deiner Vergangenheit selbst Erfahrungen gemacht, von denen du sagen würdest, dass sie durch Gott zustande gekommen sind?
5. War es in deinem Leben von Vorteil, ein Verständnis von Gott zu haben? Warum oder warum nicht?

VIII. Energieheilung

Im Kapitel über Energieheilung in der Akasha-Chronik äußert die Autorin, das es einen Unterschied zwischen dem Wissen über Heilung und dem Erfahren von Heilung gibt.

1. Wie definierst du Heilung?
2. Glaubst du, dass spirituelle Heilung echt ist? Warum oder warum nicht?
3. Hattest du jemals eine »Heilsitzung«? Wenn ja, was hast du dir davon erwartet? Inwiefern stimmte deine Erfahrung mit deinen Erwartungen überein – und inwiefern nicht?
4. Hast du jemals eine spontane Heilungserfahrung gemacht? Wenn ja, was an diesem Ereignis war heilsam für dich?

IX. Ahnenmuster

Das Kapitel über Ahnenlinien setzt die grundlegende Annahme voraus, dass unsere Verwandten zu bestimmten Zwecken auf der Seelenebene ausgewählt werden.

1. Wenn du dir deine eigene Familie in diesem Leben anschaust, die nähere und die entfernte, wie siehst du deine Beziehung zu dieser Gruppe?

2. Kannst du die verschiedenen Ahnengruppen identifizieren, zu denen du gehörst, einschließlich deiner Herkunftsfamilie, der Familie, der du dich durch Heirat angeschlossen hast, deiner spirituellen Familie und so weiter? Welche Ähnlichkeiten und Unterschiede gibt es in deinen Beziehungen zu diesen Gruppen?
3. Was sind für dich die wichtigsten Themen in Bezug auf deine Vorfahren?
4. Die Autorin präsentiert die Auffassung vom »schwarzen Schaf« als Familienmitglied, dessen Wachstumschancen in diesem Leben quasi öffentlich sind. Seine Lebenslektionen sind offensichtlich und unvermeidlich, was sowohl dem Einzelnen als auch dem Rest der Gruppe zugutekommt. Bist du das »schwarze Schaf« in deiner Familie? Wenn ja, wie war das für dich? Wenn nicht, wen würdest du als das »schwarze Schaf« in deiner Familie bezeichnen und warum?

X. Frühere Leben

Ein Verständnis für frühere Leben und Reinkarnation ist wesentlicher Bestandteil der Akasha-Chronik.

1. Kannst du etwas mit der Vorstellung von früheren Leben anfangen? Warum oder warum nicht? Wenn ja, was ist deine Auffassung von Reinkarnation?
2. Die folgenden Fragen können es dir vielleicht leichter machen, die Möglichkeit, dass es andere Leben gibt, in deinem jetzigen Alltag zu erkennen:
   - Bist du schon mal jemandem begegnet, bei dem du das Gefühl hattest, dass du ihn bereits kennst, konntest das »Woher« aber nicht einordnen?
   - Hast du jemals einen neuen Ort besucht und dich dort wie zu Hause gefühlt?
   - Bist du jemals irgendwo angekommen, hast dich sofort unwohl gefühlt und wolltest sofort ohne ersichtlichen Grund wieder weg?

- Warst du jemals fasziniert von einem bestimmten Ort oder einer bestimmten Geschichtsepoche oder sogar von einer historischen Figur?
- Gibt es einen Ort auf der Welt, zu dem du dich unerklärlicherweise hingezogen fühlst?
- Gibt es einen Ort, der ohne erkennbaren Grund eine negative Reaktion in dir auslöst?
- Gibt es eine bestimmte Art von Möbeln, Design, Kunst, Musik, Literatur oder Mode, die du liebst und mit der du dich ohne klaren Grund identifizierst?
- Gibt es Menschen, auf die du ohne sachlichen Grund positiv oder negativ reagierst?

XI. Zeiten des Wandels

Der Autorin zufolge ist der Beginn des 21. Jahrhunderts eine entscheidende Zeit der Veränderung in der Art und Weise, wie wir Menschen unsere göttliche Natur und unsere Beziehung zur wesentlichen Essenz verstehen.

1. Hören sich ihre Vorstellungen über die spirituelle Reise der Menschheit für dich wahr an? Wenn ja, wie wirkt sich das auf dein Leben aus? Wenn nein, warum nicht?
2. Glaubst du, dass du die Akasha-Chronik als Werkzeug weiterhin verwenden wirst, wenn deine spirituelle Entwicklung fortschreitet? Warum oder warum nicht? Und wenn, wie?
3. Hast du das Gefühl, dass dies deine Zeit des Erwachens ist? Weshalb oder weshalb nicht?
4. Bist du bereit, in deinem Alltag zu versuchen, »dem Licht zu folgen«?
5. Was steht auf deiner spirituellen Reise als Nächstes für dich an?

Über die Autorin

Linda Howe ist Gründerin und Leiterin des *Center for Akashic Studies*. Sie ist seit mehr als zwanzig Jahren in der Heilkunst tätig und wurde von der Kraft der Chronik in sich selbst und ihren Klienten angetrieben und inspiriert. Seit 1996 unterrichtet sie Schüler in dieser Arbeit und hat bis heute Tausende von Schülern erfolgreich gelehrt, die Akasha-Chronik akkurat zu lesen. Sie lebt im Großraum Chicago.